食旅入門

フードツーリズムの実態と展望

食旅入門

フードツーリズムの実態と展望

食旅入門

フードツーリズムの実態と展望

旅の販促研究所

はじめに

旅行の目的はさまざまである。大別すると3つに分けることができる。ひとつは「観光旅行」で観光、見学、レジャー、グルメ、スポーツ、体験、帰省、知人訪問などを目的とした旅行で、余暇を利用して行う。「旅行に行く」という場合は一般的にはこの観光旅行のことをいっている。ふたつ目が「業務旅行」で、企業や官公庁の役員、社員、職員が商談や交渉のために行く業務出張や会議出席旅行、取材、視察旅行などのことで、一般的には「出張に行く」ということが多い。三つ目は「教育旅行」で、修学旅行や遠足、校外学習、留学、語学ホームステイなど主に生徒・学生を対象とした研修・学習を目的とした旅行だ。

観光旅行の目的は自然や名所などをみて回る周遊観光やリゾートなどでの滞在観光、国内旅行では温泉を楽しむ旅行などが多いが、今日その目的は多様化し、個人のこだわりが反映している。「ショッピング」などが低下する傾向にあるなか、この十数年常に上位にあるのが「食」を目的に行く「グルメ旅行」だ。東京にいて、全世界の料理や全国の名物が食べられる時代だが、だからこそ、その土地に行って「本場」の料理を「本場」で食べてみたいという欲求は強い。「食」や「食文化」は人々を旅へ誘うパワーを持っている。しかも、「食」は、本来、仕事や学習が目的である業務旅行や教育旅行にも欠かせない要素で、人間が旅にでる以上、度合いの高低はあるもののすべての旅行の大きなモチベーションとなっているといって過言で無いだろう。

旅行会社もパッケージツアーを開発し、販売を拡大し始めた1970年代あたりから、「食」をテーマにした旅行を企画し旅行者にアピールしてきた。また、国内の各観光地や海外の観光都市もその土地ならではの「食」を重要な観光資源として打ち出し観光客を誘致してきた。観光資源の乏しい地域は「食」を創造し、アピールし既成の観光地を凌ぐグルメの観光地として成長したところもある。これらは「食」を観光資源とした「フードツーリズム」である。

観光開発、地域振興、観光客誘致にとってインパクトの大きい「フードツーリズム」についての研究や考察は日本の観光業界、旅行業界や関係学界においても意外にすすんでいない。筆者が食いしん坊のせいでもあるが、この興味深い日本のフードツーリズムを私たちは「食旅《しょくたび》」と名づけ、その実態と旅行者の動向についての調査を「旅の販促研究所」の自主研究として実施した。調査は研究所のオリジナルツールである「旅行企画パネル」を使ったインターネットによるプレ調査と本調査で、注目すべき観光地、都市について現地での取材などを行った。奥行きの深いテーマでまだまだ研究半ばの中間報告という感が強いが、調査結果と研究成果を入門書としてまとめさせていただいた。この一冊が少しでも旅行業界や観光業界の発展のための役に立てればと願っている。それよりも、読後に「さっそく食旅に出よう！」と思っていただけたら幸せである。

最後に、多くの先達の調査結果や研究成果を参考にさせていただいたことを報告し、感謝します。また、編集に真摯に取り組んでいただいた教育評論社の久保木健治さん、米津香保里さんに、また、貴重な写真をたくさん提供いただいたＪＴＢのトラベルライフ誌編集長の関川由都子さんに心より御礼を申し上げます。

２００７年10月

安田亘宏

食旅入門

――フードツーリズムの実態と展望――

目次

第4章 国内食旅都市の分類……061

第5章 国内食旅の事例……103

第6章 海外食旅の実態と意向……123

第7章 海外食旅都市の分類……143

装訂　上野秀司

第1章

「食」と「旅」

1 人気のグルメツアー

「あの中華の名店！　福臨門で食べる　フカヒレ・アワビ・ツバメの巣　上海4日間」、「中国四大料理を食べる　北京・上海5日間」、「韓国食通の旅4日間」、「あまから手帖共同企画美味しいシンガポール4日間」、「ソムリエ同行フランス名シャトーを巡りフランスワインを満喫する旅10日間」、「三ツ星レストランでディナー　グルメなパリ10日間」、「イタリアグルメ満喫　南イタリア10日間」……

「高級牛肉・米沢牛と佐藤錦限定さくらんぼ狩り山形うまいものめぐり1泊2日」、「絶品生うに丼と陸中海の幸舟盛り膳旬の三陸うまいものめぐり1泊2日」、「長門のいか・ふぐ・あなご・うにと萩温泉郷2日間」、「京会席と貴船川床料理2日間」、「カニ食べ放題城崎2日間」、「加賀百万石伝統の味加賀会席と越前かにづくし2日間」、「にっぽん味覚探訪みやざき地鶏と完熟マンゴーよかとこ宮崎2日間」……

食いしん坊にはちょっと心動かされるフレーズがいっぱいだ。今、旅行会社の店頭のパンフレットや新聞募集広告、ホームページにはさまざまな料理名、食材名、レストラン名などをツアータイトルにした、いわゆる「グルメツアー」が並んでいる。「美食ツアー」、「食べ歩きツアー」、「食通ツアー」などとも呼ばれている。「食」を第一の目的にしていくパッケージツアーである。もちろん、食事の前後には当地の自然や名所、旧跡などの観光スポットを巡るのが一般的だが、それすらも無く、徹頭徹尾「食」だけにこだわる「本格的なグルメツアー」（？）もある。また、ツアータイトルには入っていないものにも、行程説明や特典として「三ツ星レストランで高級フランス料理を満喫」、「最高尚宮の競演料理を再現！」、「飛騨牛しゃぶしゃぶ食べ放題」、「伊勢海老1本付」などの「食」をアピールするツアーも多い。

近年、パッケージツアーは海外も国内も往復の航空や列車とホテルなどの宿泊だけがセットされたフリープランが主流だ。また、海外旅行ではさらに自由設計と安さを求め「ＦＩＴ」（エファイティ＝Foreign Independent Tour または Free Individual Traveler）が急伸している。ＦＩＴとは海外への個人自由旅行のことで、往復航空券だけや航空券とホテルだけの手配のようなパッケージツアーでない旅行のことをいう。しかし、一方で目的や内容に特殊性やこだわりをもったパッケージツアーも注目を集めている。以前のような定番の観光スポットを巡り、ショッピングを楽しむだけのパッケージツアーは減少しつつある。

目的型のパッケージツアーも多様化した旅行者のニーズに応えさまざまなものがある。「世界遺産」、「クルーズ」、「トレッキング」、「スポーツ観戦」、「豪華鉄道」、「交流体験」、「エコツアー」、「エステ」等々、特定のテーマに絞ったものである。「グルメツアー」もこれらの目的型ツアーの一種に位置づけられ、幅広い旅行者層に支持され、もっとも歴史のあるツアー形態と言うことができる。海外の各都市、国内の観光地にある地元ならではの食事は多くの人々を呼び寄せるパワーを持っている。そういう意味では「食」は旅行者を誘引する強力な「観光資源」と言うことができる。

2 世界や日本のグルメ都市

「食の都パリ」、「世界の台所ニューヨーク」、「食在広州（食は広州に在り）」、「パスタのふるさとナポリ」、「ドイツ・ワイン街道」、「ビールの王国ベルギー」……「大阪の食い倒れ」、「食の王国・北海道」、「うまし国・伊勢志摩」、「ラーメンの街・喜多方」、「餃子の街・宇都宮」……

これらは「食」に関する言葉がついた国名や都市名、観光地名だ。世界には地元の人にはもちろんのこと旅行者を惹きつける、その土地ならではの料理や食材、食文化のある都市が数知れずある。いまや日本にいながらにして、ほとんどの国の料理を食べることができる時代となったが、そこで、いわば疑似体験ができることでなおさら、わざわざ高い旅行費用を払ってまで「本場」で食べてみたいと言う料理がある。特に日本人の嗜好に合い、憧れる料理や食材、食文化がある都市がある。それらは日本人にとっての「グルメ都市」となっている。「グルメ都市」とは旅行者を誘引するだけの魅力のある料理や食材、食文化といった「観光資源」をもっている都市のことである。

日本国内にも自称、他称を含めて数多くの「グルメ都市」が存在する。グルメの種類、量から考えれば、日本国内のほとんどの名物料理や食材がそろい、世界の有名レストランの出店があり、世界中のほとんどの種類の現地料理を食べることのできる東京がおそらく最大の「グルメ都市」と言うことができるだろう。しかし、地元特有の料理や食材、食文化という点からすると（江戸前寿司や鰻蒲焼、もんじゃ焼き、深川丼等々あることはあるが）「別格巨大グルメ都市」として別扱いしておいたほうがよさそうだ。

日本人は「食」にとても敏感である。狭い国土とはいえ南北に長い日本列島には多くのその土地ならではの食材とそこで育った食文化がある。一般庶民が比較的自由に旅をし始めた江戸時代の中ごろから各地に名物と呼ばれるものができ、旅人を喜ばせてきた。旅が活発化する明治、大正、昭和と時代がすすむ中で、名物は定着しその情報が全国にいきわたり、その土地まで行って是非食べてみたいと言う「グルメ都市」が出来上がってきた。その代表例が京都や金沢、下関、伊豆などだろう。もうひとつのパターンは、「食」が観光資源となり旅行者をその土地に誘引できるとわかった戦後に、以前からその土地にあったが全国に知られていなかった名物を、土地の有力企業や組合、自治体が全国へ発信し「グルメ都市」として成長していった都市と観光資源としての「食」を作るところからはじめ全国へアピールし「グルメ都市」となった都市がある。ともに地域活性、街興しに「食」を活用した例で、前者は高松や博多、米沢などがあり、後者は名古屋や喜多方、宇都宮などが代表例だろう。

ほとんどの「グルメ都市」にはその「食」だけでなく、その都市や周辺に自然や温泉、名所旧跡、歴史文化施設などの観光資源を持っている。その観光資源との、いわば「合せ技」で多くの旅行者を惹きつけている場合が多い。しかし、「食」だけを唯一無二の観光資源として成長している「グルメ都市」も日本にはある。「食」恐るべしである。

3 「あごあしまくら」と「るるぶ」

旅に関係のありそうな言葉に「あごあしまくら」と言う言葉がある。本来は、演劇業界や映画業界など興行にかかわる世界の業界用語で、「あご」は顎のことで食事、「あし」は足のことで交通費、「まくら」は枕のことで宿泊代のことを言う。地方の興行やロケなどにいく出演者やスタッフに対して、「あごあしまくら付」と言えば「食事代、往復交通費、宿泊代付」の仕事と言うことになる。「あごあしだけ」と言えば、食事代と交通費は出すが、宿泊代は出ない仕事と言うことになる。もちろん、ここでいう「あご＝食事」は腹を満たすための食事と言う意味でグルメとは関係は無い。

この業界用語は旅行を構成する最低限の要素と一致している。人間が自宅を離れ旅に出る以上それが仕事であれ、レジャーであれ、目的地に行くまでの交通手段が必要である。徒歩でいけない範囲であれば、自動車、バス、鉄道、航空機、客船などの移動手段が必要である。そして、日帰り旅行でなければホテルや旅館が必要となる。朝昼晩の食事も欠かすことができない。この三つは旅行の3要素と言うことができる。つまり、「食」を目的とした旅でなくても、食事はしているのである。しかも、今日のような豊かな時代の旅行であれば、美味しいものや珍しいものを食べたいに決まっている。そういう意味では、「食」が旅行の中で占める割合は旅行の目的や形態、個人の嗜好で差はあるものの決して小さなものではないと言い切ることができるだろう。

「るるぶ」とはＪＴＢ（ＪＴＢパブリッシング）が行動的な女性をターゲットに発行していた旅行情報誌の名前である。１９７３年に創刊され、当初は紀行文と写真を中心に若い女性の旅行スタイルを提案する雑誌だったが、その後内容は変わり、国内の宿泊施設やツアー情報を掲載する「じゃらん」（リクルート）に対抗する旅行情報誌だった。２００６年にその機能はインターネットサイトに移行している。しかし、「るるぶ」の名はサイト名だけでなく「るるぶ情報版」として旅行情報を提供している。

「るるぶ」の誌名は「見る」、「食べる」、「遊ぶ」の動詞の末尾を並べたユニークな新語だ。この言葉は見事にレジャーとしての旅の行動要素を言い表している。同時に旅の目的を表現している。30年以上前に作られた言葉だが決して古くなっておらず、今日の旅の3大目的、あるいは旅行中の3大行動パターンといっていいものだろう。

「見る」これは観光と置き換えていいだろう、自然景観や歴史文化遺産・施設、博物館・美術館、伝統芸能などまず目で見ること、目で見るものが旅行の大きな目的であることは今も昔も変わらない。今日、重要視されてきたのが「遊ぶ」だ。これはそのまま遊ぶ、あるいは体験すると置き換えられる。都市の生活を楽しむ、街を散策する、テーマパークで楽しむ、現地の人と交流する。体で体験することだ。順は逆になるが最後に「食べる」これは口で味わうことで、決して空腹を満たすことではなく、その土地ならではの美味しい珍しい食事を味わい、食文化に接することだ。「食」を目的にした旅行でなくても、旅行中人は必ず食べる。食べるなら誰でも美味しいものを気持ちよく食べたい。やはり、旅においての「食」のウエイトは大きい。

4 「食」と「旅」の歴史

「食」と「旅」とのかかわりあいは、人類の誕生までさかのぼってしまうだろう。人間は生きるために他の動物と同様、食料を求めて生活をしてきた。農耕や牧畜を始めるまで、人間は狩猟や採集で食料を得てきた。その時期は一ヶ所に定住することは稀で、野生の動物や植物の生態の変化に従う形で移動生活を繰り返してきた。人類の約３００万年の歴史のほとんどは、実を言うと「食を求めての旅」の歴史であった。

自給・自炊の旅――中世以前の旅――

人間が定住し国家などの枠組みができると、日本でもヨーロッパでも一般庶民は旅に出ることはほとんどなくなっていた。その中で、貴族や官吏が支配地まで赴任する旅、宗教者の布教や修行の旅、交易や行商の旅、流浪の旅などが行われていた。街道や宿駅の整備がまだされていない頃である。この時期の旅は一部にすでに宿泊施設はできていたようだが、基本的には自給・自炊の旅であった。食料を持っていくか、なんらかの方法で現地調達し自炊する、空腹がつきまとう困難な旅であった。

相当の官位をもって赴任する者も、野宿で貧しい食事をしていたようで、その嘆きが『万葉集』にいくつか歌われている。ましてや宗教者や商人の旅は「食」に関しては悲惨な旅であったことが想像に難くない。その後、貴族や武士など支配者層の温泉場などへの行楽や保養、食事などを目的にした旅もしばしば文献に現れる。洋の東西を問わず特権階級はかなり早い時期から「グルメ旅」をしていた形跡はある。

宿屋と食堂のある旅――近世の旅――

17世紀にはいるとヨーロッパでも日本でも街道や宿駅の整備が進み、宿泊施設や飲食施設が各地につくられるようになった。

日本では大名の参勤交代のための五街道などにより飛躍的に整備が進む。大藩になれば千から2千人、小藩でも2百人にもなる参勤交代の往復は街道を活性化させ、街道筋に宿泊施設や飲食施設、つまり宿屋や旅籠、茶店などができてきた。

一般庶民は移動の自由は認められていなかったが、宗教的な巡礼、神社仏閣への参拝を理由に旅をしていた。伊勢参り、善光寺参拝、金比羅詣でなどである。江戸中期には年間100万人前後の人々が伊勢参拝をしていたという。江戸時代後期、十返舎一九によって書かれた『東海道中膝栗毛』には弥次さんと喜多さんが東海道を江戸から京都、大坂へと上っていく様子が描かれている。この書物で分かるとおり、すでに宿屋や旅籠、茶店などは充実していて、一般庶民でも旅行中食べるのに困難を伴わない時代となっていた。また、この中でもしばしば登場するように、各地に餅や団子、饅頭だけでなく地元料理の名物が誕生し始めている。「空腹を満たす旅の食」から「快楽を伴う旅の食」が生まれてきた時期である。

近代ツーリズムのはじまりは18世紀のイギリスで流行したグランドツアーだといわれている。グランドツアーとは裕福な貴族や上流階級の子弟が学業の終了時、家庭教師を伴い、当時文化的に先進国であったフランスやイタリアなどを目的地にした大陸への周遊旅行のことである。この頃の道路状況は、ローマ帝国の崩壊以来ずっと放置されてきた道路が、中央集権化された国王の権力のもと整備が進み、フランスの幹線道路は馬車のために舗装までされていたという。宿駅も整備され、街道筋や各都市には高級ホテルを含めて宿屋や食堂ができていた。かなりまずい食事を出す宿屋や食堂が多くあったようだか、各地独特のフランス風の料理やイタリア風の料理が振舞われていたようである。この頃、一般庶民はまだ自由に旅行をしていなかったが、日本同様に聖地巡礼などの旅には多く人が出かけており、ヨーロッパ全域に街道、宿駅が整備されていった時期である。

歴史上初めて、営利を目的にして旅行業をはじめたのはイギリスのトーマス・クックだといわれている。１８４１年、牧師であった彼は教会の信者を禁酒運動の会合に連れて行くため団体旅行を催行した。その後、近代的な旅行会社を組織し、国内・海外のツアーを企画実施していく。旅行先の宿泊や食事を安定的に確保することができるようになってきたからである。徒歩や馬車の旅から、汽船や鉄道、さらに自動車の旅へと、その快適性を飛躍的に向上させていく。いよいよ、一般庶民が観光や行楽を目的に旅行をしはじめるのである。

「食」を選択し楽しむ旅――近代の旅――

明治期になると一般庶民も名実共に自由に旅行ができるようになる。１８７２年（明治5年）に新橋・横浜間の開設を始めとし全国に鉄道網が敷設されていき、旅行は汽車によるものとなった。もうひとつ大きな出来事があった。それはイギリスの宣教師ウエストンによってもたらされた、自然や風景の美しさを見に訪れる旅で、日本人の観光旅行の形態と意識を大きく変えていった。旅に明確な目的を持つようになったのである。

日本の旅行業は、１９０５年（明治38年）、滋賀県草津市で食堂を経営していた南新助が高野山参詣団や伊勢神宮参詣団、善光寺参詣団などの団体旅行の募集、斡旋をはじめ、成功したところから始まったといわれている。これが現在業界大手の日本旅行のルーツである。一方、外国人旅行者の積極的な誘致とそれによる外貨の獲得を目的として１９１２年（明治45年）「ジャパン・ツーリスト・ビューロー」が設立された。これが、今日の旅行業界最大手ＪＴＢの誕生である。１９２５年（大正14年）から日本人への鉄道、船の切符販売の取り扱いを開始している。

当時は神社仏閣への参拝や温泉旅行が中心だったが、次第に自然や歴史・文化遺産などを巡る旅も増え、旅館での食事も豪華になり地元の食材を使った会席膳を用意するようになった。都会では味わえない、新鮮な魚介類や伝統のある会席料理などが、旅の贅沢として喜ばれ、またそれを求めてくる旅行者も増え始めた。旅の食は空腹を満たすために与えられる「給食」ではなく、旅行者が味覚を満足するために選択する「快楽を伴う食」となっていった。

産業革命後のヨーロッパにおいては、移動手段としての交通機関が急速に発達し、都市への人口集中が進む中、一般庶民の中にも富裕者層が生まれ、旅行がブームとなる。受け入れる観光都市のホテルやレストランも急ピッチで整備され、各地で今日名物といわれる地元の料理が確立していった。また、アメリカでは金鉱の発見などにより、「西部開拓」という大移動が起こり、一大旅行ブームを引き起こし、旅行は新しい文化のライフスタイルとなっていった。

グルメツアー・グルメ都市の出現――現代の旅――

戦後の日本では、1960年代の高度経済成長を背景に一般人が旅行に出かけるようになった。レジャーとしての旅行需要が高まる中、旅行会社も続々誕生する。

まず企業の従業員による団体旅行、いわゆる慰安旅行が盛んになった。目的地は大都会から数時間で行ける温泉地が多く、巨大な温泉旅館が立ち並び温泉街が形成された。さらに、若者を中心に個人旅行も活発化してくる。1泊2食付が基本の日本の旅館は夕食に力を注ぎ始め、それぞれの土地の四季の食材を料理し、旅行者にアピールし始めていく。

1964年（昭和39年）東京オリンピックが開催される。この大イベントに向け全国の交通網が整備され、同年東京―新大阪間の東海道新幹線が開通し、名神高速道路も開通している。全国でホテルの建設ラッシュもあり旅行業界を活性化させた。

この年、海外旅行が自由化される。翌年、日本航空が「ジャルパック」を発売、これが第1次海外旅行ブームの始まりとなる。さらに70年代に入るとJTBが国内パッケージツアー「エース」を発売する。以降各旅行会社の国内・海外のパッケージツアーもラインナップされる。当初定番コースが中心だったパッケージツアーも次第にさまざまなテーマで企画され、その中で国内にも海外にも「グルメツアー」が企画され、多くの支持を受ける。

1980年代後半から各地に独特のラーメン文化が形成され、「喜多方ラーメン」がご当地ラーメンとして全国の注目を集め、小さな街に多くの旅行者を呼んだ。地域興しの手段としての「食」が街ぐるみで活用された成功例として「元祖フードツーリズム」と呼ばれた。各地で新旧含めて地元の名物料理や食材をアピールし、旅行者を誘致する「グルメ都市」が出現していった。

グルメツアーやグルメ都市を一般に知らしめたのは、もちろん旅行会社の役割が大きいが、メディアによるところも極めて大きかった。旅行情報誌やグルメ情報誌、さらにはテレビの旅行情報番組やグルメ番組などの影響である。さらに、90年代後半からインターネットがその役割を担い、口コミが大きな影響力を持つようになる。

２０００年代に入ると、旅行の形態や目的は多様化し、一時代を築いたパッケージツアーはフリープラン型が主流になり、海外旅行においてはＦＩＴと呼ばれる個人自由旅行が増えてくる。しかし、多様化、個性化する目的の中でも依然「グルメ」は変わらぬ旅のテーマとして今日も旅行者を喜ばせている。

欧米でもグルメ都市は数多く出現し、グルメツアーも流行した。フランスのタイヤメーカー「ミシュラン」の旅行ガイドブックの存在は大きい。『レッド・ガイド』は、１９２６年から、掲載するレストランを審査し、星をつけるようになる。その格付けが権威を持つようになり、ヨーロッパだけでなく世界中の美食を求める旅行者のバイブルになっていった。

繰り返しになるが、洋の東西を問わず特権階級はかなり早い時期から、またどのような時代にも「グルメ旅」をしていた。しかし、一般人が旅においてグルメを求めるようになってきたのは、そう歴史の長いものではない。日本では戦後の経済成長が始まったころからと考えられる。旅する人もそれを受ける側も、平和で豊かでなければ、発想できないし、企画できない旅のタイプと言える。今、まさに「グルメ旅の時代」の真っ只中なのかもしれない。

第2章

「食旅」とは何か

1 グルメ旅の意向 ――本当に旅に「食」を求めているのか?――

行ってみたい旅行タイプの上位常連

それでは本当に旅行者は旅に「食」を求めているのだろうか。また、「食」が多くの旅行者を呼ぶことができるのだろうか。調査結果から見ていきたい。

図表①は財団法人日本交通公社が毎年発表している「旅行者動向」より抜粋した「国内旅行・海外旅行を問わず行ってみたい旅行のタイプ」のベスト5を一表にしたものだ。30数タイプの旅行タイプから自分の好みのものを複数回答で選択する調査で、生活者の志向する旅行目的や旅行に対する潜在的な欲求をつかむことができる。ベスト5に登場する旅行タイプはこの間ほとんど変わらないが、順位は微妙に変動している。1位は「国内旅行・海外旅行を問わず」の問いなので、多くの日本人がもっとも好む気軽な旅行としての「温泉旅行」で、不動の位置をキープしている。日本人の温泉好きがよくわかる。2位は美しい自然や景勝地を見

図表① 国内旅行・海外旅行を問わず行ってみたい旅行のタイプ BEST5

（複数回答）

	2005年		2004年		2002年		2000年		1998年	
順位	タイプ	(%)	タイプ	(%)	タイプ	(%)	タイプ	(%)	タイプ	(%)
1	温泉旅行	56.8	温泉旅行	52.4	温泉旅行	57.9	温泉旅行	55.3	温泉旅行	56.8
2	グルメ	47.3	自然観光	48.2	自然観光	45.7	自然観光	45.9	自然観光	45.5
3	自然観光	42.5	グルメ	41.8	テーマパーク	41.0	歴史・文化観光	44.4	グルメ	40.7
4	歴史・文化観光	39.3	歴史・文化観光	39.4	歴史・文化観光	39.2	グルメ	43.5	歴史・文化観光	38.6
5	テーマパーク	35.9	海浜リゾート	38.7	グルメ	37.4	海浜リゾート	38.5	テーマパーク	30.7

＊「旅行者動向」（財団法人日本交通公社）

にいく「自然観光」が長くその位置にいたが、２００５年に美味しいものを食べに行く「グルメ」が取って代わった。以下、「自然観光」、歴史遺産や文化的な名所・施設を見に行く「歴史・文化観光」、ディズニーランドやＵＳＪ、遊園地などに行く「テーマパーク」、海辺のホテルなどで過ごす「海浜リゾート」がつづく。興味深いのは「グルメ」で、常に上位にランクされているだけでなく、近年その順位と意向率が上昇していることだ。年によっての順位は上下するものと思われるが、旅行の目的が明確化し、多様化している今日、「グルメ」が旅行に行くきっかけになり、また旅行中の活動としてますます大きなポジションとなっていくといっていいだろう。

図表② 国内旅行・海外旅行を問わず行ってみたい旅行のタイプ（複数回数）

	全体		男性計		10~20代		30代		40代		50代		60代	
	(%)	順位	(%)	順位	(%)	順位	(%)	順位	(%)	順位	(%)	順位	(%)	順位
n	2200		1078		182		217		216		228		235	
自然観光	69.3	1	67.4	1	64.3	1	56.7	2	65.7	1	66.2	1	82.6	1
温泉旅行	61.2	2	57.2	3	42.9	4	57.1	1	61.6	2	61.8	4	60.0	4
歴史·文化観光	60.0	3	58.6	2	47.8	2	44.2	5	56.5	3	64.0	2	77.0	2
世界遺産巡り	59.8	4	55.4	4	42.9	5	41.9	6	56.0	4	62.3	3	70.2	3
グルメ	**50.6**	**5**	**44.6**	**5**	**47.8**	**2**	**48.4**	**3**	**45.8**	**6**	**46.1**	**5**	**36.2**	**7**
海浜リゾート	38.7	6	37.7	6	35.7	6	44.7	4	46.8	5	39.9	6	22.1	14
都市観光	38.0	7	35.2	7	33.0	8	38.2	8	34.3	8	33.8	8	36.2	7
街並み散策	36.9	8	30.1	9	25.3	12	20.7	19	25.0	16	36.0	7	41.3	6
自然現象鑑賞	32.5	9	30.2	8	23.6	16	22.1	17	30.6	9	29.8	11	43.0	5
ショッピング	32.3	10	19.5	16	20.9	17	23.0	16	25.0	15	15.8	18	13.6	20
			女性計		10~20代		30代		40代		50代		60代	
n			1122		221		217		218		224		242	
自然観光			71.0	1	60.2	3	69.6	1	70.6	1	72.8	2	81.0	1
温泉旅行			65.0	2	63.3	2	67.7	2	62.4	3	65.6	4	65.7	4
歴史·文化観光			61.3	4	54.3	6	45.2	8	60.1	4	73.2	1	72.3	3
世界遺産巡り			64.0	3	57.9	4	51.2	7	59.6	5	71.0	3	78.5	2
グルメ			**56.4**	**5**	**70.1**	**1**	**61.8**	**3**	**63.8**	**2**	**52.2**	**5**	**36.4**	**9**
海浜リゾート			39.7	9	48.0	8	59.0	4	50.9	7	30.4	13	13.2	19
都市観光			40.6	8	45.7	9	41.5	9	36.7	9	45.1	9	34.7	11
街並み散策			43.5	7	38.9	10	39.6	10	33.5	11	51.3	6	52.9	6
自然現象鑑賞			34.6	12	29.9	14	31.8	14	30.3	13	36.2	11	43.8	8
ショッピング			44.7	6	56.6	5	52.1	6	52.8	6	37.9	10	26.0	14

＊旅の販促研究所調査（2007年）

女性が高い意向率

もう少し旅行者の意向を深掘りしてみたいと思う。図表②は、今回、前述の「旅行者動向」の調査と同じ30数タイプの旅行タイプから自分の好みのものを複数回答で選択してもらった調査の結果である。この調査は本書を構成する当「旅の販促研究所」で実施した調査の一項目で、調査概要など詳しくは後述する。調査対象者は一般生活者ではなく、過去3年以内に海外旅行および宿泊を伴う国内旅行経験者である。つまり、対象者全員が海外旅行もしている「旅行者」であることに留意してみる必要がある。したがって、図表①の結果と若干異なる結果が出ているが、「旅」と「食」の関係を探るには、より「旅行者」の意向を反映した結果になっているといっていいだろう。

上位には前述の調査と同様な旅行タイプが並ぶ、1位は「自然観光」で、これは海外旅行も経験している対象者の特徴が出たものと思われる。「温泉旅行」が2位で、「歴史・文化観光」が3位と続く。4位に今大きな脚光を浴びている「世界遺産めぐり」が入った。「世界遺産めぐり」は前述の調査では2005年から項目が追加された旅行タイプで、表に表れていないが05年7位になっている。さて、「グルメ」だが、前述調査よりは低い5位となっている。しかし、意向率は50%を超え、6位の「海浜リゾート」を大きく引き離しているのがわかる。以下、「都市観光」、「街並散策」、「自然現象鑑賞」、「ショッピング」と続く。

どの旅行タイプも性、年代によりその意向にばらつきがある。「グルメ」は男性、女性とも全体と同じ5位となっているが意向率には大きな差がある。男性は44・6%で、女性は56・4%と10ポイント以上の差となっている。女性のほうが、旅に対して「グルメ」を求める人が多いと考えられる。旅行のデスティネーションや内容の決定権は女性が持っているといわれている。そういう意味では同じ5位だが、この女性のポイントの意味は大きいといえる。

また、年代別には大きなばらつきがある。女性の10〜20代は2位を大きく引き離し約70％の高意向率で1位になっている。旅における「グルメ」をもっともリードしている層ということがいえる。女性40代は2位。30代は3位で、シニアを除く女性の「グルメ」志向がはっきりとでている。男性も10〜20代は2位と30代は3位で、若い層の「グルメ」志向は女性に劣らないように思われる。特徴は60代で男性7位、女性9位でともに約36％と他の世代と比べると低い意向率になっている。年齢からくる食に対する欲求の低下と美食を求めることを良いこととしない世代の意識が反映されたものと思われる。しかし、次章以下で紹介していくが、この世代にも量は求めなくても、さまざまな土地のこだわりのグルメを求める人は多い。

繰り返しになるが、「グルメ」すなわち「食」は旅行に行く動機となり、目的となり、旅行中の活動の大きな要素となっていることがわかる。特に、男女を問わず食欲旺盛な世代にはきわめて大きなインパクトがあるといえる。もちろん、男女どの世代においても、一時期、旅行とくに海外旅行において大きなポジションを占めた「ショッピング」よりもはるかに強い要素であり、旅行の本質である「自然」、「歴史・文化」や日本の旅そのものである「温泉」、ブームの真っ只中にある「世界遺産」などと同レベルの極めて重要な「観光資源」であることは疑う余地がないだろう。

2 「フードツーリズム」と「食旅」

「フードツーリズム」とは

「食」や「食文化」とかかわる旅行や旅行業、観光事業のことを、「フードツーリズム（Food Tourism）」という。しかし、観光業界や学界でも、まだ明確な定義はされていない。

大阪観光大学の鈴木勝教授は『食文化を活用した国際ツーリズム振興』（2006）の中で、「C.Michael HALL（2003）『FOOD TOURISM Around the world』（Butterworth Heinemann）」に表現された図を紹介している。その内容は以下のとおりだ。「旅行動機付けとして、いかに食文化に関心度があるか」と言う視点からフードツーリズムを次のように分類している。食文化への関心度が高い順に「グルメ・ツーリズム（Gourmet Tourism）」、「ガストロノミック・ツーリズム（Gastronomic Tourism）」、「クイジーン・ツーリズム（Cuisine Tourism）」、「カリナリー・ツーリズム（Culinary Tourism）」、さらに低レベルの関心度の「農村ツーリズム（Rural Tourism）」、「都市ツーリズム（Urban Tourism）」に分けている。グルメは文字通りグルメ、食通の意、ガストロノミックは美食、クイジーンは料理店の料理、カリナリーは料理や台所を意味し広範囲の「食」をさす言葉だ。フードツーリズムを「食文化への関心度」で分類しているところは興味深く、極めて示唆にとんだ研究成果といえよう。

「食旅」の定義

私たちはこの「フードツーリズム」、特に日本人が「食」にかかわって行く国内外の旅行や日本の都市・観光地が「食」により旅行者を誘致する「日本のフードツーリズム」を親しみやすい「食旅(しょくたび)」と名付け、その実態と展望を調査研究することとした。

「食旅」は次のように定義する。

- **「食」や「食文化」が、行く動機付けとなった旅行、デスティネーションの選択の基準となった旅行、主要な目的になった旅行、旅行中の活動の重要な部分となった旅行**
- **その土地固有の「食」や「食文化」が旅行者を誘引する重要な「観光資源」とするために行う「食」や「食文化」の保護、育成、創出やアピール活動とそれにより誘致された旅行**

また、本書でいう「食」や「食文化」は、

- 「その土地でとれた、またはその土地ならではの食材」で
- 「その土地固有の、またはその土地ならではの調理法」で
- 「その土地の料理人が、またはその土地で修行をした料理人が料理」し
- 「その土地の食べ方」で
- 「その土地らしい食事場所」で食べることをいう。

しかし、現実的には「食材」や「料理人」はかなりハードルが高くなってしまうかもしれない。「調理法」も旅行者の口に合うようあえて工夫している場合もあるだろう。

これらを基本とし、柔軟に捉えていく必要があるだろう。

3 「食旅」調査の概要 ―― 日本人の「食旅」行動を探る ――

私たちは「食旅」を研究するに当たり、日本人の「食旅」行動を調査することにした。特に、具体的な日本国内各都市・観光地の「食」や世界の各都市の「食」と旅行者の過去の旅行経験での関与度と今後の旅行においての関与度を探ることを目的とした。つまり、どの都市の「食」が多くの旅行者を呼び、満足させたのか。どの都市の「食」がこれから多くの旅行者を呼ぶことができるのか。それらの都市を分類することにより、どのような「食」が観光資源としての価値を持ち、旅行者を誘引するパワーを持つのか。どのように「食」をアピールすれば旅行者の気持ちをつかめるのか、などが見えてくるのではないか。このたびの調査は「食旅」へのファーストアプローチであり、ひとつの試みである。

旅の販促研究所「旅行企画パネル」

今回の「食旅」に関する調査は、当「旅の販促研究所」のオリジナルツールである「旅行企画パネル」によるインターネット調査で行った。

❖「旅の販促研究所・旅行企画パネル」

Ｉｐｓｏｓ日本統計調査㈱の「アクセスパネル」（住民基本台帳を基点として拡大した約25万世帯90万人と日本最大）をベースに、過去3年以内の海外旅行および宿泊を伴う国内旅行経験者（２００６年6月時点・ビジネスを含む）の約1万3千人をパネル化したもの。インターネット調査、郵送調査、電話調査、定性調査のリクルートなどあらゆる調査方法に対応でき、高い回収率（Ｗｅｂ50％、郵送70％）を維持している。

調査概要――プレ調査・本調査・現地取材――

今回の「食旅」に関する調査を行った期間は、２００７年3月22日から3月28日まで。調査方法はインターネット調査、有効回答数は２２００サンプルだった。最大の特徴は調査対象者が「過去3年以内の海外旅行および宿泊を伴う国内旅行経験者」であることで、一般生活者ではなく「旅行者」であることだ。

また、今回の調査に先立ち、質問票に提示する地域名と代表する食事、その食事のために支払った金額などをサンプリングするためのプレ調査を実施した。プレ調査は２００７年2月15日から2月21日まで。調査方法は同じくインターネット調査、有効回答数は１０８５サンプルであり、男女や年代別傾向を読み取るために十分な数値が集まった。

インターネット調査の特徴を生かし、オープンアンサー（自由回答）で印象に残った旅先での食事などを聞いたところ、非常に興味深い生の声を集めることができた。

また、実際の「食」やその都市の最新の事情を把握するために、海外10都市、国内も20都市以上の取材を行い旅行者を受け入れている方々の話やその土地の「食」を楽しむ旅行者の声も聞いた。

❖「食旅」プレ調査の調査設計について

調査対象者：18～69歳男女（全国）
過去3年以内の海外旅行および宿泊を伴う国内旅行経験者
Ｉｐｓｏｓ日本統計調査㈱　インターネットパネル利用
調査期間：２００７年2月15日～2月21日
調査方法：インターネット調査
有効回答数：１０８５サンプル
内訳：図表①「食旅」プレ調査の調査設計について参照
主な質問項目：
〈国内・海外別〉
食事を目的とした旅行経験
印象に残っている食事とその都市
その食事の費用・満足度。使用した金額
食事を目的にした旅行先意向

図表①「食旅」プレ調査の調査設計について

内訳	合計	男性	女性
合計	1,085	549	536
18～29歳	216	114	102
30代	214	110	104
40代	227	109	118
50代	214	114	100
60代	214	102	112

❖「食旅」に関する調査（本調査）の調査設計について

調査対象者：18～69歳男女（全国）
過去3年以内の海外旅行および宿泊を伴う国内旅行経験者
「旅の販促研究所・旅行企画パネル」利用
調査期間：2007年3月22日～3月28日
調査方法：インターネット調査
有効回答数：2200サンプル
内訳：図表②「食旅」に関する調査（本調査）の調査設計
　について参照

主な質問項目：
行ってみたい旅行のタイプ
〈国内・海外別〉
食事を目的とした旅行経験
行ったことのある国内・海外の都市
その都市で食べたことのあるものと費用
食事を目的にした旅行先としての意向度
印象に残る飲み物など

図表②「食旅」に関する調査（本調査）の調査設計について

内訳	合計	男性	女性
合計	2,200	1,078	1,122
18～29歳	403	182	221
30代	434	217	217
40代	434	216	218
50代	452	228	224
60代	477	235	242

❖調査対象の国内都市・観光地と料理

本調査では、プレ調査の自由回答の集計結果から、国内の都市・観光地とその土地の代表的料理を次の組み合わせで提示し、それぞれの食経験度、関与度（意向）の確認を行った。ただし、プレ調査で上位になったが、地元料理以外の幅広い料理が並んだ東京と大阪は対象から除いた。

北海道

札幌	毛ガニ・タラバガニ／ジンギスカン／札幌ラーメン
旭川	旭川ラーメン
小樽	寿司
函館	魚介料理／函館ラーメン

東北

大間	本マグロ
気仙沼	ふかひれ料理
盛岡	椀子そば／盛岡冷麺
仙台	牛タン
松島	松島かき
秋田	きりたんぽ鍋／稲庭うどん
米沢	米沢牛
喜多方	喜多方ラーメン

近畿

大津・琵琶湖	近江牛
京都	京懐石／川床料理
香住・城崎	松葉ガニ
神戸	神戸牛／中華料理
明石	鯛／タコ
和歌山	和歌山ラーメン

中国・四国

出雲・宍道湖	出雲そば／奉書焼など宍道湖料理
広島	かき料理／広島焼き
下関	ふぐ料理
高松	讃岐うどん
高知	皿鉢料理／鰹たたき

関東甲信越

大洗・平潟	アンコウ鍋
宇都宮	餃子
伊香保・渋川	水沢うどん
外房	魚介料理
伊豆大島	椿フォンデュ／島寿司
横浜	中華料理
新潟	魚介料理／へぎそば
甲府	ほうとう
長野・松本	信州そば

中部

高山	飛騨牛／高山ラーメン
岐阜・長良川	鮎料理
伊豆	魚介料理
浜松・浜名湖	鰻料理
名古屋	櫃まぶし／味噌カツ／名古屋コーチン
伊勢・志摩	志摩観光ホテルフランス料理／伊勢海老・的矢かき
松阪	松阪牛
氷見	魚介料理／寒ぶり
金沢・和倉	加賀料理／魚介料理
越前	越前ガニ

九州

博多	屋台料理／魚介料理／博多ラーメン
呼子	いか料理
長崎	卓袱料理／ちゃんぽん
大分	関さば・関あじ／城下かれい
湯布院	豊後牛
宮崎	地鶏料理
鹿児島	黒豚料理
那覇	沖縄料理／沖縄そば／ステーキ

❖調査対象の海外都市と料理

本調査では、プレ調査の自由回答の集計結果から、海外の都市とその土地の代表的料理を次の組み合わせで提示し、それぞれの食経験度、関与度（意向）の確認を行った。

ヨーロッパ

ロンドン	ローストビーフ／フィッシュ&チップス
パリ	フランス料理
モンサンミッシェル	オムレツ
マルセイユ	ブイヤベース
ボルドー	ワイン
フランクフルト	ソーセージ／ビール
ナポリ	ピッツァ／パスタ
ミラノ	イタリア料理／チーズ
ローマ	イタリア料理／ジェラード
マドリッド	スペイン料理／パエリア
リスボン	バカリャウ料理／ポートワイン
アテネ	ギリシャ料理／ウゾ
ジュネーブ	チーズフォンデュ／ラクレット
ストックホルム	スモーガスボード
ブダペスト	ハンガリー料理
モスクワ	ロシア料理／キャビア
ブリュッセル	ムール貝料理／ビール
イスタンブール	トルコ料理／シシケバブ

アジア

ソウル	焼肉／韓定食
釜山	海鮮料理／焼肉
上海	上海料理／上海ガニ
北京	北京料理／北京ダック
広州	広東料理
香港	飲茶
台北	台湾料理／屋台料理
成都	四川料理
バンコク	タイ料理／トムヤムクン
バリ	パダン料理／ナシゴレン
クアラルンプール	マレー料理／ニョニャ料理
ニューデリー	インド料理
ホーチミン	ベトナム料理／フォー

オセアニア

シドニー	シーフード料理／オージービーフ
クライストチャーチ	マッスル料理／ハンギ料理

北米・中南米

ニューヨーク	ステーキ
ニューオリンズ	ケイジャン料理
サンフランシスコ	シーフード料理／カリフォルニアワイン
ロスアンゼルス	ステーキ／カリフォルニアワイン
ホノルル	ハワイアンディナー
グアム	チャモロ料理
バンクーバー	シーフード料理
メキシコシティ・カンクン	メキシコ料理
リオデジャネイロ	バイーア料理／シュラスコ

アフリカ

カイロ	エジプト料理
チュニス	クスクス

Column❶

日本の旅グルメ「駅弁」「空弁」

日本の「食旅」を語るとき、忘れてはならないのが「駅弁」だろう。駅構内で軽食を販売するのは日本だけではないが、折詰などに一食分をまとめた「弁当」という様式は欧米ではあまり例がなく、アジアでは類似のものも見られるが、「駅弁」と意識する文化は日本だけのものと言っていい。日本固有の旅の「食文化」だ。

お目当ての駅弁をその駅で購入し、車内で食べることを目的として旅に行くことは稀だろうが、その駅に行ったら、絶対に食べたいと思う駅弁は数多くある。また、いつまでも記憶に残っている駅弁もある。旅の途中に列車の中で食べるその土地ならではの駅弁は旅情あふれ、深く印象に残るものだ。

駅弁とは主として鉄道駅で販売されている弁当のことをいう。「駅弁」の語は、「駅弁当」または「駅売り弁当」の略であるといわれている。日本最古の駅弁は、1885年、日本鉄道宇都宮駅で販売されたもので、握り飯2個と沢庵を竹の皮に包んだものであったといわれている。現在のような折詰に入った駅弁は、1889年に姫路駅で発売されたものが最初である。

本調査で、「国内旅行中に食べた駅弁・空弁で印象に残っているものは?」を聞いてみた。記述式の自由回答で答えてもらった。今日すっかり定着した「空弁」

国内旅行中に食べた駅弁・空弁で印象に残っているもの

	駅・空港	弁当	件数
1	横川	峠の釜飯	179
2	富山	鱒寿司	116
3	羽田	焼き鯖寿司	70
4	仙台	牛タン弁当	49
5	高崎	だるま弁当	41
6	森	いかめし	39
7	岡山	祭り寿司	30
7	横浜	シュウマイ弁当	30
9	米沢	牛飯弁当	23
10	奈良	柿の葉寿司	20

※旅の販促研究所調査(n=2200)複数回答

も含めて聞いた。「空弁」は空港内で販売されている弁当のことで「そらべん」と読む。

その結果、1位は横川駅の「峠の釜飯」。やっぱり、と言えるほどの日本でもっとも有名な駅弁だ。付近のドライブインや高速道路のサービスエリア、新幹線の車内などでも販売している。全国各地のデパートでの駅弁大会の常連。2位も必ず上位にランクされる富山駅の「鱒寿司」。1912年販売開始の歴史を持つつわもの。富山空港では「空弁」として販売されている。3位に空弁のブームを作った元祖空弁、羽田空港の「焼き鯖寿司」が入った。空弁の3位はとても興味深い結果といえる。

以下、表の通り仙台駅の「牛タン弁当」、高崎駅の「だるま弁当」、森駅の「いかめし」と有名駅弁がつづく。最近は高速道路のサービスエリアのみで販売する「速弁《はやべん》」も話題になっている。読者はいくつ食べただろうか。

写真上：峠の釜飯　写真下：焼き鯖寿司　ともに旅の販促研究所撮影

第3章

国内食旅の実態と意向

1 「国内食旅」の実態

「国内食旅」はいかに行われているか

この章では、「国内食旅」の「実態」と「意向」を明らかにするために、「食旅」に関する調査で得られた調査結果を各項目ごとに解説していく。ちなみに「実態」とは、文字通り〝経験した旅行についてのありのまま〟を数値化したものである。

主な調査項目をあげると、

- 食事を目的とした旅行経験「経験度」
- 訪れた人が提示された食事を食べた率「訪問者経験率」
- 行ったことのある国内の都市「訪問経験」
- その都市で食べたことのあるもの
- その食事で使用した金額「食事費用」

食事を目的とした旅行経験は男女とも30代が高い――「経験度」

まず、図表①を見ていただきたい。食事を目的とした旅行経験の「実態」調査である。食事を目的とした旅行経験は、①食事を第一の目的として行ったことがある、②食事を第一の目的としてではないが主要な目的として行ったことがある、③食事を目的として国内旅行に行ったことはない、の3つに分けて分類した。

この図表を見ると、男女とも約20%が食事を①第一の目的として国内旅行に行っており、②主要な目的として行った国内旅行を加えると59・0%が食事を目的とした国内旅行（①＋②）をした経験を持っている。女性のほうが61・1%と若干男性を上回っている。

年代別では、食事を第一の目的とした旅行で最も高いのは女性の30代で、次に男性の30代が続いている。女性の10〜20代・40代も高くなっている。この年代は雑誌やインターネットによる情報収集率の高い層でもある。

逆に、数値が低いのは女性の50代・60代となっている。第1章の「行ってみたい旅行のタイプ」でもこの層は食事よりも自然観光や歴史・文化観光が高くなっており、より観光要素を優先すると考えられる。

食の経験都市では、横浜・札幌が高ポイント――「訪問者経験率」

今回の調査では、都市と代表する食事を前章のセットで提示した。「食べた経験のある都市」は図表②のようになる。横浜・札幌は約70%が経験ありとしている。

経験度40%を超える都市は横浜、札幌、長野・松本、伊豆、那覇、神

図表①「国内食旅」経験

	①食事を第一の目的として行ったことがある	②食事を第一の目的ではないが主要な目的として行ったことがある	①+② 食事を目的として行ったことがある	食事を目的として国内旅行に行ったことはない
全体(n=2200)	20.9	38.1	59.0	41.0
男性計(n=1078)	20.4	36.4	56.8	43.2
10~20代(n=182)	15.9	28.1	44.0	56.0
30代(n=217)	24.9	39.6	64.5	35.5
40代(n=216)	21.3	36.1	57.4	42.6
50代(n=228)	18.4	41.2	59.6	40.4
60代(n=235)	20.9	35.3	56.2	43.8
女性計(n=1122)	21.3	39.8	61.1	38.9
10~20代(n=221)	22.6	34.4	57.0	43.0
30代(n=217)	25.3	39.2	64.5	35.5
40代(n=218)	22.5	48.1	70.6	29.4
50代(n=224)	17.9	40.6	58.5	41.5
60代(n=242)	18.6	37.2	55.8	44.2

戸、名古屋、京都、長崎が入った。男女差では、仙台、名古屋、博多などのビジネスマンの出張の多い都市は男性が多く、京都は50代・60代女性、那覇は40代女性の比率が高くなっている。逆に経験度10％以下は、低い順に大間、伊豆大島、気仙沼、大洗・平潟、氷見、呼子、湯布院となっている。

興味深いのは、純粋な「訪問経験」と食の「経験度」の比較である。再度図表②を見て欲しい。典型的な札幌、京都、喜多方で比べてみる。札幌の訪問経験は75・4％に対して食の経験は69・3％とどちらも高い数値を示していて、「訪問者経験率」は92・0％になる。それに対して京都は88・5％の訪問経験があるが、44・9％しか食の経験はなく、「訪問者経験率」は50・7％となる。「訪問者経験率」トップの都市は喜多方で23・0％しか訪問経験はないが「訪問者経験率」は92・5％で、行った人のほとんどが喜多方ラーメンを食べている。高松の讃岐うどん、那覇の沖縄料理・沖縄そばも、値段的に気軽に食べられることから、同様に高い訪問者経験率を示している。

つまり、これらの地域は食による旅行誘引が既に成功している地域と考えられる。食による誘引

図表② 経験度／訪問経験／訪問者経験率

(n=2,200 ／全体ベース)

	経験度	訪問経験	訪問経験率
横浜	72.4	81.0	**89.3**
札幌	69.3	75.4	**92.0**
長野・松本	62.3	72.0	**86.5**
伊豆	52.7	70.6	**74.6**
那覇	49.6	54.7	**90.7**
神戸	48.3	73.5	**65.6**
名古屋	47.9	67.1	**71.4**
京都	44.9	88.5	**50.7**
長崎	41.7	56.6	**73.7**
小樽	39.9	54.8	**72.8**
函館	38.6	56.2	**68.7**
広島	38.4	56.7	**67.6**
博多	38.2	54.0	**70.8**
伊勢・志摩	37.5	59.4	**63.0**
浜松・浜名湖	36.4	51.5	**70.5**
高松	35.8	41.3	**86.8**
甲府	34.5	46.6	**74.0**
金沢・和倉	32.0	53.9	**59.3**
仙台	31.2	53.3	**58.6**
外房	30.2	42.1	**71.6**
高山	28.8	47.2	**60.9**
明石	27.0	39.9	**67.6**
宇都宮	23.2	35.9	**64.7**
高知	22.5	38.0	**59.4**
喜多方	21.3	23.0	**92.5**
出雲・宍道湖	21.2	34.3	**61.9**
新潟	20.8	43.8	**47.4**
旭川	20.3	37.5	**54.1**
秋田	20.2	29.0	**69.9**
香住・城崎	19.6	26.5	**73.9**
松阪	19.5	26.4	**73.7**
盛岡	19.1	32.2	**59.2**
鹿児島	18.2	42.1	**43.3**
大津・琵琶湖	18.1	52.1	**34.7**
越前	16.6	23.8	**69.7**
下関	16.0	30.3	**52.9**
松島	15.0	38.0	**39.6**
大分	14.6	40.3	**36.2**
伊香保・渋川	13.6	33.9	**40.3**
宮崎	13.2	39.3	**33.5**
岐阜・長良川	12.3	35.4	**34.7**
和歌山	12.0	44.5	**26.9**
米沢	10.8	15.7	**68.8**
湯布院	9.6	29.0	**33.1**
呼子	6.2	8.9	**69.4**
氷見	6.0	10.2	**58.9**
大洗・平潟	5.2	19.0	**27.2**
気仙沼	3.1	14.2	**22.0**
伊豆大島	2.4	16.8	**14.1**
大間	1.7	5.4	**31.4**

は、どれだけ旨いかではなく、どれだけ食べたいと思われているかであり、PR（パブリックリレーション）が重要な役割をはたす。テレビ番組や雑誌などでの紹介が重要のようだ。

使用金額は懐石・カニ・エビ・フグ・和牛がトップ5——「食事費用」

食事費用は、1万円以上・5千円～1万円未満・1千円～5千円未満・1千円未満の4つに分けて分類した。1万円以上が10％を超えるのは、香住・城崎、京都、松阪、下関、越前、伊勢・志摩の6都市。香住・城崎で提示した松葉ガニの平均7744円をトップに京懐石・松阪牛・ふぐ料理・越前ガニ・伊勢エビが続いている。5千円～1万円未満で多いのは、金沢・和倉（加賀料理・魚介料理）、神戸（神戸牛・中華）、大津・琵琶湖（近江牛）などで和牛料理や魚介料理などが多い。1千円～5千円未満は、呼子（いか料理）、仙台（牛タン料理）、名古屋（櫃まぶし）など地元の手軽な名物料理が並ぶ。1千円未満と安いのは多くは麺類である。もっとも安いのは、喜多方（喜多方ラーメン）で、和歌山（和歌山ラーメン）、高松（讃岐うどん）、旭川（旭川ラーメン）、宇都宮（餃子）、伊香保・渋川（水沢うどん）、長野・松本（信州そば）が続いている。（図表③）

図表③　食事費用

各都市での食経験者ベース

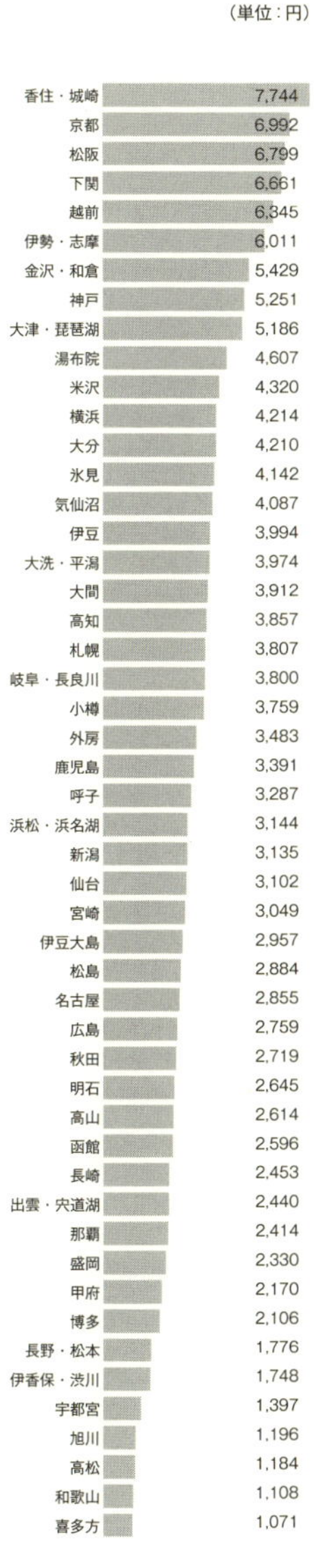

2 「国内食旅」の意向

行ってみたい「国内食旅」は――「関与度」――

次に、行ってみたい「国内食旅」の意向（関与度）について検証してみよう。

関与度については、

①食事を第一の目的として行きたい

②食事を第一の目的ではないが主要な目的として行きたい

③その都市に行ったら是非食べてみたい

④その都市に行って機会があれば食べてみたい

⑤特に食べたいとは思わない・知らない

に分け、各都市名と代表的な食事内容を提示し確認した。

それぞれの関与度に強弱があるため、①を10点、②を5点、③を3点、④を1点、⑤を0点として加重平均し、それを「関与度スコア」とした。（図表④⑤）

図表④「国内食旅」意向

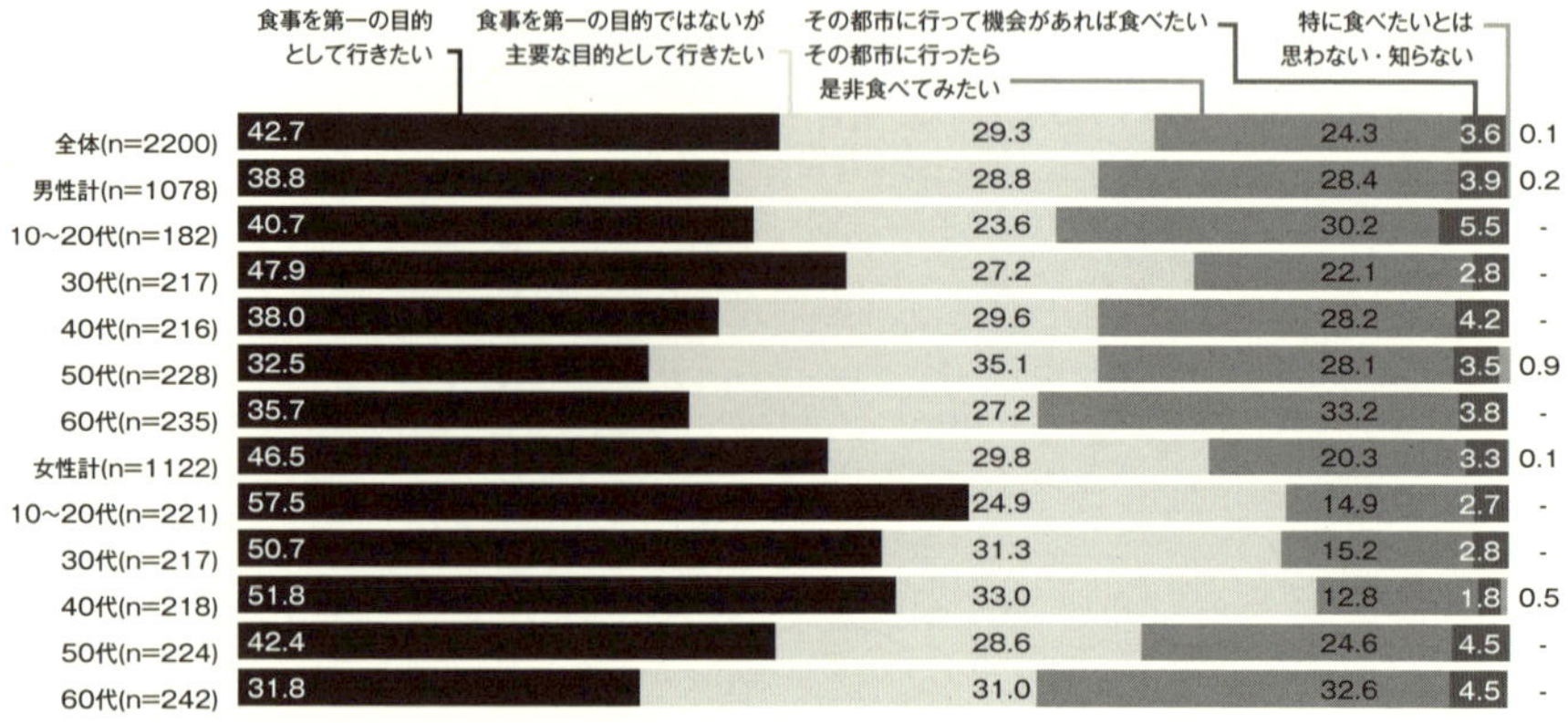

全体では、第一の目的として行きたい都市があるが42・7％と高く、その中でも女性の10～20代・30代・40代が50％を超える高さとなっている。後述の、海外が全体で23・2％なのに比べ、国内ははるかに「食」を目的とした旅行意向が高いといえる。

都市別の「関与度スコア」のベスト10は、札幌、松阪、大間、越前、高松、横浜、下関、香住・城崎、小樽、博多の順となった。ブランド牛やカニ・フグなどの高級食材の都市が並ぶが、讃岐うどんや屋台などの個性ある食を持つ都市も存在感を示している。

逆に低いのは、和歌山、伊豆大島、岐阜・長良川、伊香保・渋川、甲府、出雲・宍道湖、新潟、大洗・平潟、呼子、旭川の順。

食の王国とブランド食材の街――札幌・松阪・大間――

「札幌」は、①第一の目的として行きたいが12・0％、②主要な目的として行きたいが24・3％、③その都市に行ったら是非食べてみたいが39・6％で「関与度スコア」は3・8の高ポイントを獲得している。全ての年代で高いが、特に10～20代女性が①26・7％と高くなっている。食事の特徴として高額のものから安価なものまで食事内容が豊富で、金額に合わせて美味しい食事をセレクトできることやテレビ番組や雑誌でよく取り上げられていることなどが要因と思われる。

「松阪」は、①第一の目的として行きたいが12・2％、②主要な目的として行きたいが22・8％、③その都市に行ったら是非食べてみたいが39・3％で「関与度スコア」は3・8の高ポイントを獲得している。値段が高いのに全ての年代でポイントが高いのは、それだけブランド力が強いからと考えられる。「肉の芸術品」といわれる松阪牛を一度は食べてみたいと思わせるのだろう。

図表⑤ 関与度 (n=2,200／全体ベース／単位：%)

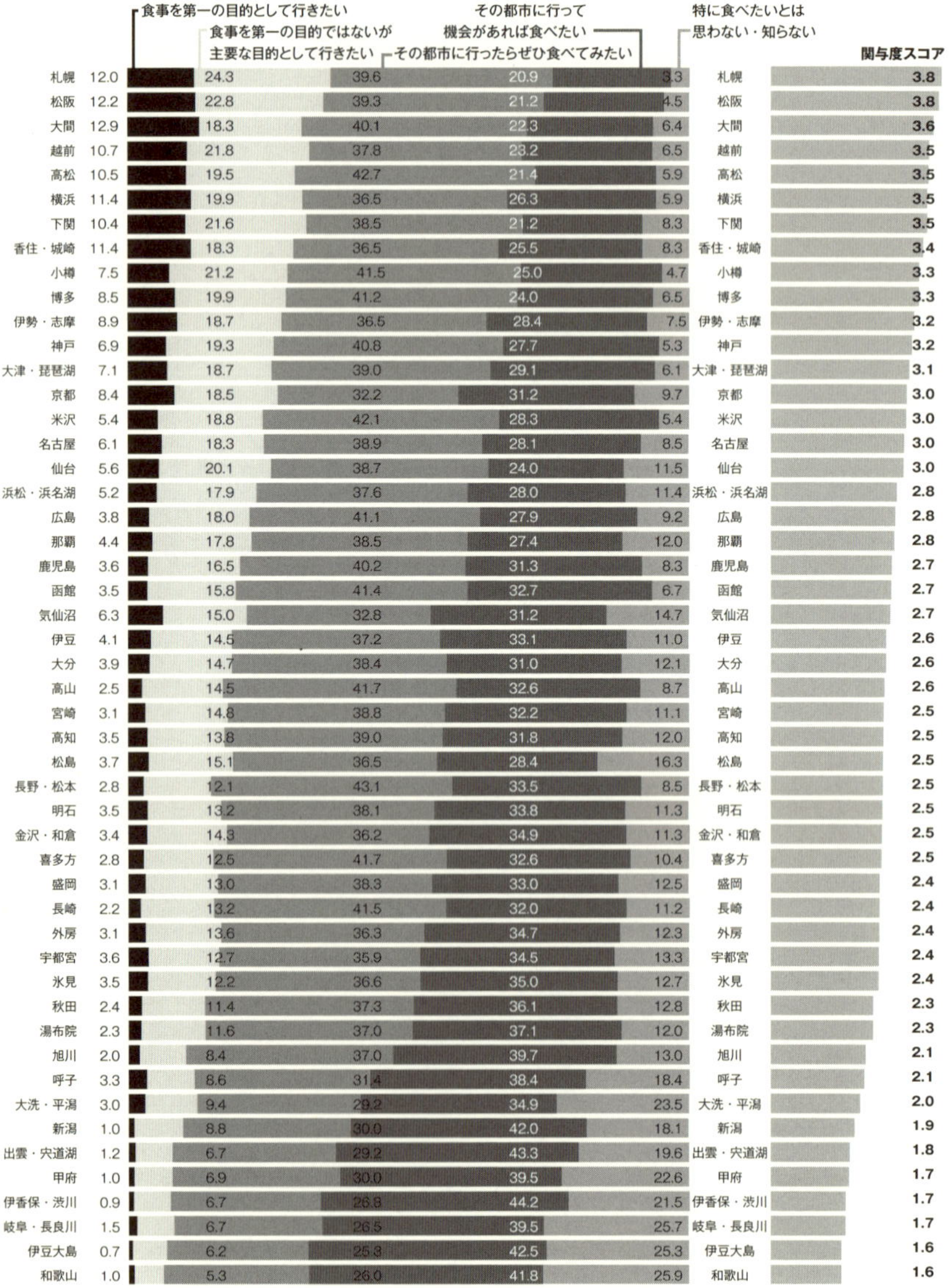
食事を第一の目的として行きたい
食事を第一の目的ではないが主要な目的として行きたい
その都市に行ったらぜひ食べてみたい
その都市に行って機会があれば食べたい
特に食べたいとは思わない・知らない
関与度スコア
札幌 12.0 24.3 39.6 20.9 3.3 札幌 3.8
松阪 12.2 22.8 39.3 21.2 4.5 松阪 3.8
大間 12.9 18.3 40.1 22.3 6.4 大間 3.6
越前 10.7 21.8 37.8 23.2 6.5 越前 3.5
高松 10.5 19.5 42.7 21.4 5.9 高松 3.5
横浜 11.4 19.9 36.5 26.3 5.9 横浜 3.5
下関 10.4 21.6 38.5 21.2 8.3 下関 3.5
香住・城崎 11.4 18.3 36.5 25.5 8.3 香住・城崎 3.4
小樽 7.5 21.2 41.5 25.0 4.7 小樽 3.3
博多 8.5 19.9 41.2 24.0 6.5 博多 3.3
伊勢・志摩 8.9 18.7 36.5 28.4 7.5 伊勢・志摩 3.2
神戸 6.9 19.3 40.8 27.7 5.3 神戸 3.2
大津・琵琶湖 7.1 18.7 39.0 29.1 6.1 大津・琵琶湖 3.1
京都 8.4 18.5 32.2 31.2 9.7 京都 3.0
米沢 5.4 18.8 42.1 28.3 5.4 米沢 3.0
名古屋 6.1 18.3 38.9 28.1 8.5 名古屋 3.0
仙台 5.6 20.1 38.7 24.0 11.5 仙台 3.0
浜松・浜名湖 5.2 17.9 37.6 28.0 11.4 浜松・浜名湖 2.8
広島 3.8 18.0 41.1 27.9 9.2 広島 2.8
那覇 4.4 17.8 38.5 27.4 12.0 那覇 2.8
鹿児島 3.6 16.5 40.2 31.3 8.3 鹿児島 2.7
函館 3.5 15.8 41.4 32.7 6.7 函館 2.7
気仙沼 6.3 15.0 32.8 31.2 14.7 気仙沼 2.7
伊豆 4.1 14.5 37.2 33.1 11.0 伊豆 2.6
大分 3.9 14.7 38.4 31.0 12.1 大分 2.6
高山 2.5 14.5 41.7 32.6 8.7 高山 2.6
宮崎 3.1 14.8 38.8 32.2 11.1 宮崎 2.5
高知 3.5 13.8 39.0 31.8 12.0 高知 2.5
松島 3.7 15.1 36.5 28.4 16.3 松島 2.5
長野・松本 2.8 12.1 43.1 33.5 8.5 長野・松本 2.5
明石 3.5 13.2 38.1 33.8 11.3 明石 2.5
金沢・和倉 3.4 14.3 36.2 34.9 11.3 金沢・和倉 2.5
喜多方 2.8 12.5 41.7 32.6 10.4 喜多方 2.5
盛岡 3.1 13.0 38.3 33.0 12.5 盛岡 2.4
長崎 2.2 13.2 41.5 32.0 11.2 長崎 2.4
外房 3.1 13.6 36.3 34.7 12.3 外房 2.4
宇都宮 3.6 12.7 35.9 34.5 13.3 宇都宮 2.4
氷見 3.5 12.2 36.6 35.0 12.7 氷見 2.4
秋田 2.4 11.4 37.3 36.1 12.8 秋田 2.3
湯布院 2.3 11.6 37.0 37.1 12.0 湯布院 2.3
旭川 2.0 8.4 37.0 39.7 13.0 旭川 2.1
呼子 3.3 8.6 31.4 38.4 18.4 呼子 2.1
大洗・平潟 3.0 9.4 29.2 34.9 23.5 大洗・平潟 2.0
新潟 1.0 8.8 30.0 42.0 18.1 新潟 1.9
出雲・宍道湖 1.2 6.7 29.2 43.3 19.6 出雲・宍道湖 1.8
甲府 1.0 6.9 30.0 39.5 22.6 甲府 1.7
伊香保・渋川 0.9 6.7 26.8 44.2 21.5 伊香保・渋川 1.7
岐阜・長良川 1.5 6.7 26.5 39.5 25.7 岐阜・長良川 1.7
伊豆大島 0.7 6.2 25.3 42.5 25.3 伊豆大島 1.6
和歌山 1.0 5.3 26.0 41.8 25.9 和歌山 1.6

「大間」は、①第一の目的として行きたいが12・９％、②主要な目的として行きたいが18・３％、③その都市に行ったら是非食べてみたいが40・１％と、やはり「関与度スコア」は３・６の高ポイントを獲得している。訪問経験が５・４％しかないのにこの数値は非常に高いと言える。知られていない都市でもテレビ番組で特集を組まれたり、寿司屋の品書きで「大間産のマグロ」と目にすることで急速に刷り込みがされたのだろう。ＰＲ効果の表れた典型的な例といえる。

個性のある食事が旅行意向を高める――高松・博多・名古屋――

「高松」は、①第一の目的として行きたいが10・５％、②主要な目的として行きたいが19・５％、③その都市に行ったら是非食べてみたいが42・７％と「関与度スコア」は３・５の高ポイント。特に10～20代女性①20・４％、30代女性①17・５％と高くなっている。映画「ＵＤＯＮ」や讃岐うどんをテーマにしたテレビ番組、香川県のキャンペーンなどが大きく影響していると考えられる。

「博多」は、①第一の目的として行きたいが８・５％、②主要な目的として行きたいが19・９％、③その都市に行ったら是非食べてみたいが41・２％で「関与度スコア」は３・３ポイント。10～20代女性で①18・１％となっている。その土地ならではの個性（屋台料理や博多ラーメン）がよく知られ、誘引していると思われる。

「名古屋」は、①第一の目的として行きたいが６・１％、②主要な目的として行きたいが18・３％、③その都市に行ったら是非食べてみたいが38・９％で「関与度スコア」は３・０のポイント。やはり20代女性で①17・２％と高くなっている。個性的な食事（櫃まぶしや八丁味噌文化）は若い女性の反応が良いようだ。

3 思い出の「飲み物」

食べ物だけが「食旅」じゃない

旅先で何を飲むかは、男女とも楽しみなことではないだろうか。食べ物だけが「食旅」ではなく、飲み物も「食旅」の大きな要素だ。

地ビールブームの後、特に最近は芋焼酎に代表される〃本格焼酎〃のブームで宮崎、鹿児島にいわゆる幻の焼酎を求めて旅に出る人も多い。また、日本は沖縄だけでなく各島に島酒が存在する。伊豆諸島、奄美諸島、沖縄諸島など各島を巡って、さまざまなお酒を飲むのも楽しみだ。

調査では、沖縄の泡盛や札幌のビール、新潟の日本酒、鹿児島・宮崎の焼酎が印象に残ったという人が多かった。（図表⑥）

また、酒造メーカーで日本酒の蔵元やウイスキー・ワインの醸造所を見学させる所も多く、見学を旅行の主な目的にする人もいる。さらに、カクテルの街宇都宮のようにプロモー

図表⑥国内旅行で印象に残った飲み物ベスト10

		件数
1	沖縄　泡盛	107
2	北海道　サッポロビール	79
3	新潟　日本酒	67
4	山梨　ワイン	61
5	鹿児島　焼酎	59
6	沖縄　オリオンビール	45
7	京都　お茶	24
8	宮崎　焼酎	20
9	静岡　お茶	19
10	京都　日本酒	18

※旅の販促研究所調査（n=2200）複数回答

ションによって全国的に有名になった例もある。

地域性の高い飲み物――地ビール、焼酎、日本酒、ワイン

地ビール

地域性の高いお酒というと、まずあげられるのが地ビールである。地ビールが誕生したのは、１９９４年の規制緩和による酒税法改正がきっかけ。地ビール第一号となったのは新潟のエチゴビールだ。１９９５年にはブルーパブ（醸造プラントとパブが複合した、できたてのビールがその場で飲める施設）を開き、旅行者がその場で飲める場を提供した。その後、全国各地に地ビールが生まれ、旅先での楽しみになっている。２００７年で全国地ビール醸造者協議会には１１７社が登録されている。

焼酎・泡盛

最近のブームは焼酎。芋に代表される、いわゆる本格焼酎（乙類）は大人気で、鹿児島の「森伊蔵」などの手に入りにくいものは、オークションサイトなどでも高値で取引されている。現地の居酒屋などでは、東京で飲むより安く提供されているところも多く、観光客に人気だ。また、島酒として沖縄の泡盛や奄美諸島の黒糖焼酎、伊豆諸島の焼酎は島ごとに様々な種類があり、島旅の楽しみでもある。

泡盛　旅の販促研究所撮影

日本酒

地酒の王様はやはり日本酒だろう。全国どこに行っても地酒があり、旅館や食事処で出してくれる。東北や北陸への旅では地元の食と地元の日本酒がぴったり合う。特に新潟は酒造元が多く、全国区になった銘酒も多い。日本酒を使ったしゃぶしゃぶなど、料理もひと工夫したものもある。また、季節物のにごり酒をもとめて岐阜の岩村を訪れる旅行者もいる。各県ごとに品評会なども実施されており、出品のお酒を一堂に集めたイベントも各地で行われていて、左党の旅人の人気を集めている。

ワイン

北海道から九州までワイナリーはある。北海道では、池田町の十勝ワインが有名で、ワインの城といわれる醸造所は観光名所にもなっている。また、富良野や函館、小樽も力を入れている。本州では特に山梨県に有名なワイナリーが多く、醸造場所の見学も盛んに行われている。勝沼町では勝沼町ワイン原産地認証制度を実施しており、品質の向上に努めている。山梨県ワイン酒造組合は、日比谷公園で毎年、新酒祭りを開催するなどＰＲも積極的。本格的なワインではないが、女性向けに伊豆のミカンワインやサクランボ、キウイなどフルーツワインも人気だ。その他、お茶やジュースなども旅の思い出の飲み物となっているようだ。

代表的なコメントを紹介しよう。

「小樽の倉庫を改造したところの地ビールが美味しかった。雰囲気も良かった」(小樽・女性58歳)

「札幌のビール園の生ビールが美味しかった」（札幌・女性52歳）
「黒じょかで飲んだ芋焼酎は最高」（鹿児島・男性59歳）
「冷酒と注文したら日本酒でなく焼酎がでてきてビックリした」（鹿児島・男性58歳）
「宮崎の〝百年の孤独〟が美味しかった」（宮崎・男性53歳）
「奄美大島の黒糖焼酎は香りが良くてとても美味しかった」（奄美大島・女性45歳）
「壱岐の焼酎は絶品」（壱岐・男性36歳）
「石垣島の泡盛がたいへん美味しかった」（石垣島・男性61歳）
「新潟で飲んだ〝八海山〟は東京で飲むものと別物のよう」（新潟・男性55歳）
「京都伏見に行った時に〝月の桂〟という発泡性の日本酒が美味しくて、その後も取り寄せて飲んでいます」（京都・男性39歳）
「〝黒龍〟の絞りたて原酒が今まで飲んだ中で一番」（福井・女性36歳）
「どこでも地酒は飲みます。米の美味しいところはお酒も美味しい」（女性29歳）
「山形のさくらんぼワインはフルーティーで甘口でスイスイ飲めた」（山形・男性30歳）
「沖縄のシークアーサージュースにはまりました」（沖縄・女性22歳）
「さんぴん茶が気に入ってお土産に買った」（沖縄・女性30歳）

旅先で工場見学と試飲ができる楽しみ

ビール

各地で、見学のできる工場があるが、有名なのはサッポロビール園（札幌市）内にあるサッポロビール博物館とサッポロビール工場。その他、都市の近郊にもあり、出来立てのビールを試飲させてくれる。

ウイスキー

サントリー（山崎、白州）とニッカウヰスキー（余市、仙台峡）が予約制で実施している。余市の蒸溜所は国の登録有形文化財にも認定されている。また、山梨県の白州の蒸溜所は非常に環境に留意されていて、周囲の森と一体になっている。

ワイン

山梨県のサントリー登美の丘ワイナリー（甲斐市）や長野県の安曇野ワイナリー（安曇野市）ではガイドツアーを実施している。特に安曇野では大型観光バスを乗り入れさせる施設で、観光ワイナリーと言われている。

日本酒

兵庫県灘の菊正宗酒造記念館や白鶴酒造資料館（いずれも神戸市）、大和川酒蔵北方風土館（喜多方市）では酒造り用具の見学を実施している。各地にある地酒の蔵元も気軽に見学させてくれるところが多い。

焼酎

宮崎県の雲海酒造綾蔵（綾町）では酒泉の杜として産業観光のテーマパークとして観光客を集めている。「いいちこ」の日田蒸留所も有名。九州にはたくさんの酒造工場があり、日本酒同様に気軽く見学させてくれる。

代表的なコメントを紹介しよう。

「ニッカウヰスキー余市工場で飲んだ水割りが場所の空気とマッチしてとても美味しかった」（余市・男性41歳）

「山崎で飲んだウイスキーはとても美味しかった」（山崎・男性48歳）

「白州サントリーに行った時、環境のよさ、ウイスキーの神秘が印象的」（白州・男性28歳）

「甲府のワイン見学の後の試飲は美味しかった」（甲府・女性37歳）

「安曇野ワイナリーで自分でパッケージのデザイン体験をした」（安曇野・女性24歳）

「菊正宗酒造記念館で季節限定の酒粕で作った甘酒を飲んだ」（神戸・女性56歳）

飲み物のＰＲで有名になった街――宇都宮――

宇都宮カクテル倶楽部は、市内約30箇所のバーが会員になっており、気軽な値段で観光客にオリジナルカクテルを提供してくれる。「SUNTORY JIGGER BAR　ブルーブラウン」のチーフバーテンダーである吉田智晴さんはその理由を、「宇都宮は昔からバーテンダーの技能競技会でチャンピオンが多く出た町で、そんな優秀なバーテンダーが多いことから、カクテルの町として定着していった」と言っている。近年、宇都宮は餃子だけでなく、「飲み物」で急に認知度をあげてきている。

宇都宮カクテル　旅の販促研究所撮影

Column❷

日本固有の体験型グルメツアー「味覚狩り」

日本人が必ず一度や二度は経験したことのある「体験型グルメツアー」が四季折々の「味覚狩り」だ。もちろん、海外でも行われていることではあるが、これほどバリエーションにとんだ味覚狩りを楽しんでいるのは日本人だけと言っていいだろう。

都市人口の多い日本において、農産物の生産地に行って、自らが収穫し、その場で新鮮な状態で味わう「味覚狩り」は都会人のレクリエーションとして定着したのだろう。最もお手軽な、最も歴史ある「グリーンツーリズム」と言うことができるかもしれない。グリーンツーリズムとは「緑豊かな農村地域において、その自然・文化・人々との交流を楽しむ滞在型の余暇活動」のこと。

味覚狩りはファミリーでもグループでも楽しめるのが特徴で、その場で食べるだけでなくお土産がつくのが人気の理由だとも思われる。ファミリーの場合、情操教育の面からも子供に体験させたい、と考えるレジャーでもある。マイカーや観光バスで簡単に訪れることができるのもうれしい。宿泊をする旅行の観光要素として、また、日帰り旅行の目的としても位置づけられる。都会の近郊に多いのも特徴と言えよう。

本調査で体験したことのある味覚狩りを聞いてみた。表のとおり1位は「イチゴ狩り」でなんと73％の人が体験をして

体験したことのある味覚狩り

	味覚狩り	%		味覚狩り	%
1	イチゴ狩り	73.0	6	栗拾い	31.5
2	ぶどう狩り	61.1	7	りんご狩り	31.0
3	みかん狩り	54.9	8	ジャガイモ掘り	21.0
4	さつまいも掘り	51.4	9	さくらんぼ狩り	16.4
5	なし狩り	38.2	10	稲刈り	11.9

※旅の販促研究所調査（n=2200）

写真上：イチゴ狩り　写真下：ぶどう狩り　ともに旅の販促研究所撮影

いる。イチゴ狩りの人気はイチゴ自体が美味しく、かつたくさん食べられ、摘み取りが容易なことにあるだろう。大人も子供も十分に楽しめる味覚狩りの王様と言えよう。

2位は「ぶどう狩り」、3位「みかん狩り」、4位「さつまいも掘り」と続き、ここまでが50％以上の人が体験しているメジャー味覚狩りということができる。以下、10位までは表のとおり、おなじみの味覚狩りが並ぶ。圏外を紹介すると「椎茸狩り」、「桃狩り」、「松茸狩り」、「ブルーベリー狩り」、「柿狩り」、「筍掘り」と続く。さらに少数ではあるがユニークな味覚狩りを体験している。「キウイ狩り」、「メロン狩り」、「プラム狩り」、「びわ狩り」、「ラッキョウ掘り」、「大根掘り」、「にんじん掘り」、「落花生掘り」、「茶摘」、「空豆採り」、「枝豆採り」などなど、そのバリエーションの多さに驚かされる。日本人は味覚狩りが大好きな国民である。

第4章

国内食旅都市の分類

1 国内食旅都市8つの分類

前章では、「旅の販促研究所　旅行企画パネル」を利用して実施した、「食旅」調査の結果をもとに国内食旅の「実態」と「意向」を検証した。この章では、調査結果の中の「経験度」、「関与度スコア」、「食事費用」の3つのファクターを元に各都市をグルーピングして、その都市グループの食旅がなぜ人を惹きつけるのか、またどの層（性別・年代）にアピールしているかを明らかにする。調査対象者のコメントなども可能な限り紹介する。

国内食旅マトリックス（図表①）を見て欲しい。縦軸を「関与度スコア」（食事を目的として行きたい強さ）、横軸を「食事費用」（旅で食事に使った1人当たりの食事代）、そして丸の大きさを「経験度」（食べたことがあるか）としている。そのようにして50都市をマッピングしていくと次のような8つの都市群に分けられる。

A・高級グルメ都市（下関、松阪、香住・城崎、越前）
B・大グルメ都市（札幌、横浜、小樽、大間）
C・B級グルメ都市（博多、高松）
D・美食都市（京都、神戸、伊勢・志摩、大津・琵琶湖、米沢）

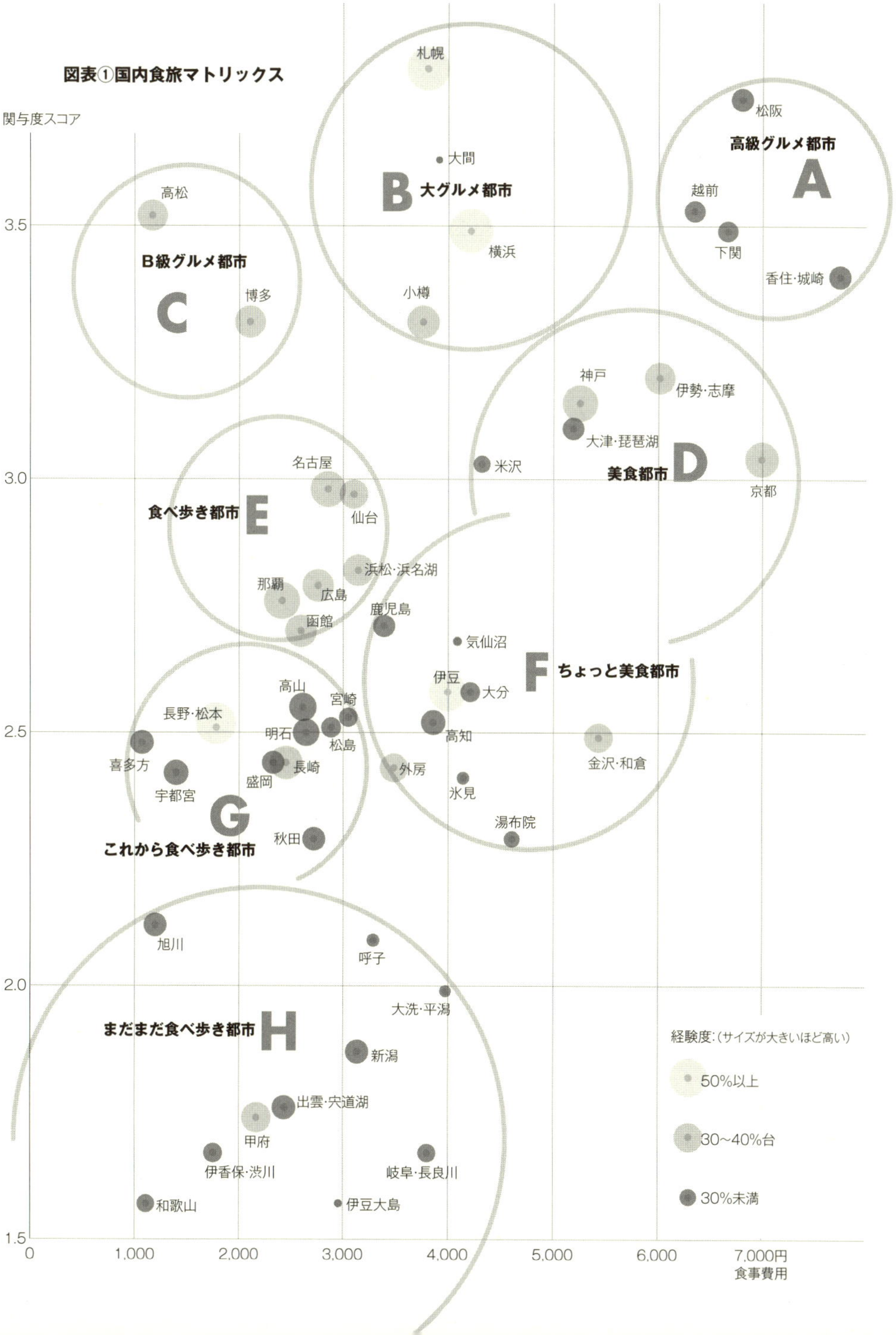
図表①国内食旅マトリックス
関与度スコア
3.5
3.0
2.5
2.0
1.5
0
1,000
2,000
3,000
4,000
5,000
6,000
7,000円
食事費用
A 高級グルメ都市
松阪
越前
下関
香住・城崎
B 大グルメ都市
札幌
大間
横浜
小樽
C B級グルメ都市
高松
博多
D 美食都市
神戸
伊勢・志摩
大津・琵琶湖
米沢
京都
E 食べ歩き都市
名古屋
仙台
浜松・浜名湖
那覇
広島
函館
F ちょっと美食都市
鹿児島
気仙沼
伊豆
大分
高知
金沢・和倉
外房
氷見
湯布院
G これから食べ歩き都市
高山
宮崎
長野・松本
明石
松島
喜多方
宇都宮
盛岡
長崎
秋田
H まだまだ食べ歩き都市
旭川
呼子
大洗・平潟
新潟
出雲・宍道湖
甲府
伊香保・渋川
岐阜・長良川
和歌山
伊豆大島
経験度：（サイズが大きいほど高い）
50%以上
30～40%台
30%未満

E・食べ歩き都市（名古屋、仙台、那覇、広島、浜松・浜名湖、函館）
F・ちょっと美食都市（金沢・和倉、伊豆、氷見、外房、大分、気仙沼、高知、湯布院等）
G・これから食べ歩き都市（長崎、喜多方、宇都宮、長野・松本、高山、明石、宮崎等）
H・まだまだ食べ歩き都市（甲府、新潟、呼子、大洗・平潟、出雲、伊豆大島、岐阜・長良川等）

これらの都市グループの特徴は次のとおりである。

Aグループ「高級グルメ都市」

このグループの特徴は、「食事費用」の高さと「関与度」の高さである。「食事費用」が、一人当たり平均6300円から7700円程度と極めて高い（香住・城崎1位、松阪3位、下関4位）。また、「関与度」も松阪2位、下関6位、香住・城崎8位と非常に高い。ただし、経験度は料金が高いからか20％以下になっている。男性の40代から60代が比較的高くなっている。コメントで共通して出てくる言葉が〝フルコース〟。高級食材を様々な料理方法で堪能する。高額だが満足度が高いというわけだ。食べる場所も具体的な名称が出てきて、松阪の「和田金」や下関の「春帆楼」など、この場所のこの店でという具体的な計画を持って旅に出かけている。まさに、憧れの「高級グルメ都市」といえる。

Bグループ「大グルメ都市」

このグループの特徴は、「経験度」が非常に高く、しかも「関与度」も非常に高いことである。食の「経験度」は50都市で横浜が1位、札幌が2位となっている。また、「訪問者経験率」も高く、ほとんどの旅行者はその土地に行けば必ず食べている。「関与度」も札幌1位、横浜6位と非常に高い。「食事費用」が3800円から4200円とさほど抵抗感のない価格帯になっているのも「経験度」の高さの要因になっている。

都会への発信力が強いのも特徴で、札幌のジンギスカンやスープカレー、横浜のスイーツなど地方発でブレイクするものも。まさに「食旅」の横綱「大グルメ都市」と言えるだろう。

Cグループ「B級グルメ都市」

このグループの特徴は、「食事費用」の低さと「関与度」の高さである。「食事費用」は全グループで最も低くなっており、1200円から2100円程度。それに対して、「関与度」は高松5位、博多9位とトップグループになっている。「経験度」は博多、高松とも中位だが、ほとんどの人が行った場合は食べている。

この2つの都市のキーワードは「個性」だろう。特に高松は、まさに讃岐うどんだけで誘引しているが、誘引力の決め手はそれぞれのお店ごとに異なる味と作り方。その多様性を共通項の「うまさ」で括っているのだ。また、博多の屋台も天ぷらあり、ラーメンあり、魚介ありと、多様性を「屋台」でうまく括っている。

Dグループ「美食都市」

このグループは、いずれも歴史ある都市で観光需要も高い。特徴は、「食事費用」の高さと「関与度」の高さである。「食事費用」が、一人当たり平均5300円から7000円程度と高い（京都2位、伊勢・志摩6位、神戸8位)。また、「関与度」はやや高い。「経験度」は中位で、「訪問者経験率」も中位となっている。「食」よりも観光中心のパターンも多いようだ。また、京都、神戸は都会で「食」の選択肢も多いためと考えられる。

コメントで共通して出てくる言葉が〝雰囲気〟。盛り付けや食事場所自体のレベルの高さ、部屋からの眺めなど、「食」をサポートする「場」の力が非常に高い地域である。「経験度」で女性が多いのも頷ける。ここもこの場所のこの店でこれを食べるという具体的な計画を持って旅に出かけている。まさに、バランスのとれた「美食都市」といえる。

Eグループ「食べ歩き都市」

このグループの特徴は、「経験度」が高く、「関与度」と「食事費用」が中程度なこと。名古屋、広島、仙台、浜松、那覇など観光地であるとともに、ビジネス要素の高い地方大都市が集まっているのが最大の特徴。旅行者としての経験とビジネス出張での経験がミックスされているようだ。これらの都市は転勤による赴任の多い都市でもある。彼らはその滞在中、まだ全国区でない「食」を食べ歩きながら見つけていき、次の代へと引き継ぎ、口コミで広がり、今日の名物を作っていったようだ。見事に同じパターンの都市がグルーピングされた。特に仙台、名古屋は男性の「経験度」が高くなっていることからもそれが伺える。まさに、出張族、転勤族の「食べ歩き都市」といえる。

Fグループ「ちょっと美食都市」

このグループの特徴は、「関与度」が中で「経験度」と「食事費用」が比較的高いこと。観光や社員旅行で行くケースが多く、食事場所は「旅館」が多いためと考えられる。金沢・和倉、伊豆、外房、高知などがグルーピングされた。高級旅館の「加賀屋」のある和倉や多くの特徴ある旅館がある湯布院、伊豆が入っているのが特徴。また、ブランド食材といわれる関さば・関あじの大分、ふかひれの気仙沼、寒ぶりの氷見が同グループに入ったのが興味深い。

Gグループ「これから食べ歩き都市」

このグループの特徴は、「関与度」が中、「食事費用」が卓袱《シッポク》料理などを除くとやや低い。「経験度」は比較的低いが「訪問者経験率」は非常に高い。

長野・松本、長崎、宮崎、高山などけっして高額とならない庶民的な名物を持った都市が並んだ。特に喜多方と宇都宮は、「食」のプロモーションの成功都市。喜多方はラーメンでの街興しの成功例として注目されており、視察も多い。宇都宮の餃子も平成になってから市の職員が観光要素として発案し、PRによって定着させたもので学ぶべき点が多くある。

Hグループ「まだまだ食べ歩き都市」

このグループの特徴は「関与度」が低く、「経験度」も低い点。「食事費用」は低から中となっている。甲府、新潟、岐阜・長良川など名物はそろっているものの、それが決定打となっていない都市がグルーピングされた。これからの可能性を秘めた「食べ歩き都市」といっていいだろう。このマップの中では、低いレベルの食旅都市に見えるが、ここに選択された都市は、プレ調査によって旅行者に選ばれた日本を代表する食旅都市であることを忘れてはならない。

2 Aグループ「高級グルメ都市」

――ふぐ・カニ・和牛の高級食材都市。フルコースがキーワード――

Aグループは、誰でも一度は食べてみたいと考える〝高級食材〟のふぐ、カニ、〝ブランド和牛〟が有名な下関、香住・城崎、越前、松阪となった。

高くても大満足〝ふぐづくし〟〝カニづくし〟――下関、香住・城崎――

冬の味覚の王様ふぐとカニ。特にフルコースは魅力的だ。〝ふぐづくし〟なら、てっさに始まり、から揚げ、焼白子、てっちり、最後のふぐ雑炊。お酒はもちろんヒレ酒。〝カニづくし〟なら、カニ刺し、焼ガニ、天ぷら、カニすきに最後は同じく、カニ雑炊。お酒は炙った甲羅酒。割烹旅館で食べてそのまま泊まるのが東京では味わえない贅沢な過ごし方だ。

下関の今回提示した「ふぐ料理」は、「訪問者経験率」52・9％（経験度16・0％）であった。今後については、10・4％が「食事を第一の目的として」、21・6％が「主要な目的として」訪れたいとしている。「食事費用」は、平均6700円と高い。下関のふぐは、遠州灘（静岡県）などから運ばれてきたもの。なぜ下関でふぐかというと、調理資格を有した調理師がいる専用の加工所が170軒もあるからで、天然とらふぐの8割は下関で加工されるのだ。伊藤博文が日清戦争講和会議のために下関に泊まった時、あいにくの時化で活魚がなく、女将が当時禁制のふぐの刺身を手討ち覚悟で出し、その美味しさで当時の山口県知事に解禁を命じたという「春帆楼」が今日でも有名である。

香住・城崎で今回提示した「松葉ガニ」は、「訪問者経験率」73・9％（経験度19・6％）であった。今後については、11・4％が「食事を第一の目的として」、18・3％が「主要な目的として」訪れたいとしている。「食事費用」は、50都市で最も高く平均７７００円である。値段が高くても意向が高いということは、それだけ充実した料理で旅行が企画できるということで、ＪＲ西日本のカニを食べに行く「かにカニ日帰りエクスプレス」など「食」を目的にした旅行商品が多く販売されている。

香住・城崎の松葉ガニは丹後半島沖のもので「津居山《ついやま》ガニ」や「間人《たいざ》ガニ」などの名称でブランド化にも力を入れている。松葉ガニとはズワイガニのオスで、主に関西、山陰で「松葉ガニ」、北陸では「越前ガニ」と呼ばれている。この地域の特徴は、中小型漁船での日帰り操業で、その日に獲れたカニをその日に港に持ち帰るので鮮度が高いこと。活きのよい本

ズワイガニ　トラベルライフ誌提供

ふくちり　下関市提供

場のカニは本場で食すしかないということで、「食」だけの目的の旅行者をひきつけている。また、城崎では町としても11月6日の松葉ガニ解禁日から3月末までを「かに王国」として様々なイベントで旅行者を呼んでいる。

また、同様のグループとしては「越前ガニ」を提示した越前も上がった。

一度は食べたい〝ブランド牛〟の王様――松阪――

ブランド和牛は日本中にあるが、やはり一番は松阪だろう。松阪牛は、味の素晴らしさで「肉の芸術品」とも呼ばれている。

松阪で今回提示した「松阪牛」は、「訪問者経験率」73・7％（経験度19・5％）であった。今後については、12・2％が「食事を第一の目的として」、22・8％が「主要な目的として」訪れたいと高い意向を示している。「食事費用」は、６８００円で第3位である。子供のころお肉屋さんで１００グラム数千円の価格にビックリした人も多いと思う。そんな子供時代の記憶がやはり高い意向を生み出している。

松阪牛は細かいサシ（霜降り）が入り、和牛香と呼ばれる甘くコクのある香りが特徴。脂肪融点が17・4℃と非常に低く、口に入れるととろける感触は大トロのよう。１９３５年（昭和10年）の全国肉用牛畜産博覧会で最高の名誉賞を獲得し、全国に品質の良さが認められた。２００２年（平成14年）の松阪肉牛共進会で、よしとよ号が５０００万円の史上最高値をつけたことが日本一の証明となった。1頭1頭を個別識別管理システムで管理して産地・移動履歴がわかる専用のシールが肉に貼られている。

ブランドのＰＲイベントのさきがけも松阪で、１８７２年（明治５年）から20数年間も、東京まで牛追い道中として大行進し、首都東京に知らしめた。その結果、鹿鳴館や高級料理店で使われ始めたという。今も、三重ブランドのひとつとして認定を受けている。

１８８３年（明治16年）に鋤焼き（すき焼き）の名称で始めた「和田金」がとくに有名、この店で食べたいという希望も強い。

調査対象者のコメント

「ねぎをふぐで巻いて食べるのは格別」（下関・女性53歳）
「ふぐづくし。こんなうまいものがあることに感動。ふぐ雑炊も最高」（下関・男性53歳）
「春帆楼で食べたふぐ（てっさ）の味は忘れられません」（下関・女性65歳）
「民宿で食べたカニはさすがに美味しかった」（香住・城崎・女性62歳）
「カニの刺身。甘くて実が詰まっていて美味しい」（香住・城崎・女性36歳）
「ゆっくりカニを味わうのは最高の楽しみ」（香住・城崎・女性64歳）
「食べきれないくらいのカニが出た」（香住・城崎・女性45歳）
「浜で茹でたてのカニを買った。味も最高に美味しかった」（越前・女性54歳）
「口に入れた瞬間広がる肉のうまみととろけるような柔らかさ」（松阪・女性42歳）
「すき焼きの美味しかった事」（松阪・女性63歳）

3 Bグループ「大グルメ都市」

――魚介・中華の名物都市。グルメの王者――

Bグループは、カニ・ジンギスカン・ラーメンと「食」の〝レベルと多様性〟で他を圧倒する札幌と〝日本最大の中華街〟を持つ横浜、〝最高級のマグロ〟で有名になった大間となった。

食の横綱都市――札幌・横浜――

札幌で今回提示した「毛ガニ・タラバガニ、ジンギスカン・札幌ラーメン」は、「訪問者経験率」92・0％（経験度69・3％）であった。これは、50都市で2位の高さだ。今後については、12・0％が「食事を第一の目的として」、24・3％が「主要な目的として」訪れたいと高い意向を示している。特に10〜20代女性で高くなっている。「食事費用」は、平均3800円と手頃である。本来、観光要素の高い都市はここまで数値が上がらないのだが、それだけ札幌の「食」のポジションは大きく、誘引力が強いといえる。札幌の「食」の強さはひとつにその多様性があげられる。魚介だけでなくジンギスカンやラーメン、とうもろこしやじゃがいもなどの野菜と都会で食べられる物でさえ存在感を持って旅行者を誘引している。

特に札幌ラーメンは喜多方、博多と並んで日本三大ラーメンのひとつ。2001年には北海道遺産として道内のラーメンが認定されている。「味の三平」が始めた味噌ラーメンが有名だが、醤油・味噌・塩と選べ、黄色く太い縮れ麺が特徴。元祖ラーメン横丁など観光地としても有名で、東京でも支店を出す店も多い。西山製麺のような製麺会社でさえ知られている。また、兜型のジンギスカン鍋で羊肉と野菜を焼くジンギスカンも人気だ。ジンギスカンは、羊肉に多く含まれるカルニチンによるダイエット効果で、東京でも一躍ブームになった。

もうひとつの強さは「食」の情報発信力。行政の観光PRも上手く「食」を伝えており、官民一体の広報が効いている。都会ではやらせて、やはり本場で食べてみたいと感じさせているのだ。

横浜で今回提示した「中華料理」は、「訪問者経験率」89・3％（経験度72・4％）であった。「経験度」は50都市で最も高い。今後については、11・4％が「食事を第一の目的として」、19・9％が「主要な目的として」訪れたいとしている。「食事費用」は、平均4200円である。

横浜は、大小200軒もの店が並ぶ日本最大の中華街を有している。中華街は、1859年の横浜開港に始まり、西洋

大間のマグロ刺身盛り合せ　旅の販促研究所撮影

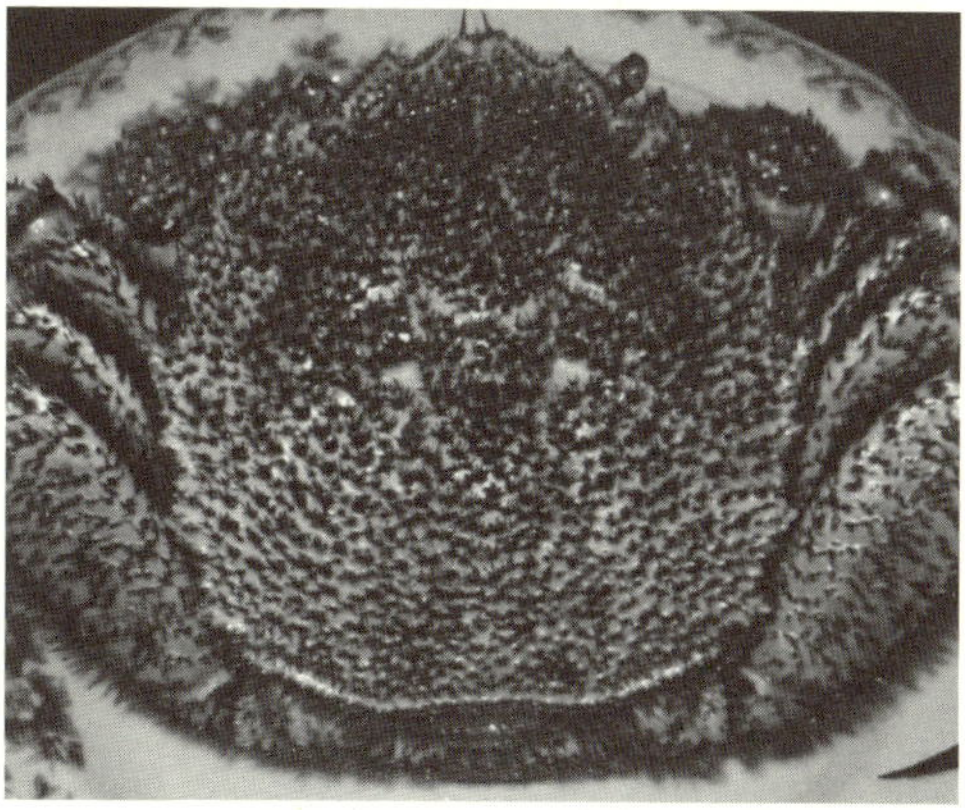

毛ガニ　旅の販促研究所撮影

貿易の仲介者である華僑により栄えた。「聘珍樓」に代表される有名店が大通りに面し、路地には隠れた個性ある名店がひしめく。どの店も同じでなく、通は「梅蘭」の焼きそばや「安記」のおかゆとお目当ても。飲茶や中国茶だけでも楽しめる。また、「新横浜ラーメン博物館」など「食」の仕掛けも多く、スイーツなども豊富だ。

東京に近いので、地方から〝TDR＋横浜〟や〝横浜＋鎌倉〟という組み合わせで訪れる人をうまく取り込んでいる。その中心が中華街となっているのだ。

また、同様のグループとしては「寿司」を提示した小樽もあがった。

食事を第一の目的にして行きたい都市1位――大間――

青森県下北半島の先端の町大間は、まぐろの一本釣りで有名な町である。映画「魚群の群れ」で初めて名前を聞いた人も多い。最近は、まぐろ料理をテーマにしたテレビ番組で必ず出て来る日本一のクロマグロで知られている。2〜300キロクラスの一本釣りが見もので、2001年の初セリではキロ10万円、2000万円の高値がついたものも。ただ、交通面では東北新幹線の八戸からも遠く、函館からフェリーで渡るのが時間的には一番近い。

今回提示した「本まぐろ」は、「訪問者経験率」31・4％（経験度1・7％）であった。今後については、12・9％（1位）が「食事を第一の目的として」、18・3％が「主要な目的として」訪れたいとしている。「関与度」は3位と非常に高い意向を示している。

宿泊施設も少ないが、フェリーで1時間40分の函館とオプションなどで組み合わせて旅行商品化するなど、可能性は高い。8月の「大間ブルーマリンフェスティバル」の解体ショーでは無料で試食ができる。また、10月の「超マグロ祭り」では、市価より断然安いので県外からも大勢の人が訪れるという。クロマグロ漁は8月から1月が旬で、捕獲したまぐろは現在、ほとんど築地に送られている。

調査対象者のコメント

「タラバガニの網焼きはうまかった」（札幌・男性25歳）
「今までうにが食べられなかったのであの甘さにビックリした」（札幌・女性47歳）
「美味しい中華の食べ歩きをした」（横浜・女性28歳）
「何気なく入った中華で驚くほどたくさん出てきた」（横浜・女性76歳）
「中華街の名店でコースをとったのが思い出」（横浜・男性62歳）
「路地を入ったところの綺麗でないお店の中華が美味しかった」（横浜・女性56歳）
「お寿司。家族で100貫くらい食べた。また行きたい」（小樽・男性20歳）
「600円程度のちらし寿司なのに魚介類がすごいボリューム」（小樽・男性37歳）
「海鮮丼のネタがあまりに新鮮で驚いた」（小樽・女性22歳）
「トロ、中トロ、赤身、鉄火巻と食べたが、とにもかくにも全部旨い」（大間・男性53歳）

4 Cグループ「B級グルメ都市」

——ラーメン・うどんのB級グルメ都市。個性が魅力——

Cグループは〝個性ある屋台と博多ラーメン〟の博多と最近特に人気を集めている〝讃岐うどん〟が有名な高松となった。

個性ある屋台が魅力——博多——

博多で今回提示した「屋台料理・魚介料理・博多ラーメン」は、「訪問者経験率」70・8％（経験度38・2％）であった。今後については、8・5％が「食事を第一の目的として」、19・9％が「主要な目的として」博多を訪れたいとしている。「関与度」は9位と高く、「食事費用」は、平均2100円と安い。

全国的に見ても特異な食事場所といえる博多の屋台は、1949年（昭和24年）マッカーサーが不衛生を理由に厚生省（当時）と自治体を通じて取り締まり、一時全廃の危機にあった。地元の屋台業者は岩田屋の前で大々的なデモをした。許可制として生き残ったのが今の博多の屋台である。屋台といっても東京のようにラーメンやおでんだけでなく、それぞれが個性を持った居酒屋のように餃子や天ぷらなど様々な食を提供している。ただ、生ものである刺身は禁止されている。地元の人は、それぞれなじみの屋台を決めていて、出張などで来福したビジネスマンを案内している。その口コミが、東京でも広がり、認知度も上がった。

博多ラーメンは白濁した豚骨スープとストレートの細麺。本場のにおいに抵抗のある女性もいるようだ。替え玉が特徴だが、これは細麺のため麺の量が多いと、食べているうちにのびてしまうからといわれている。また、さばの刺身に薬味のゴマをあえたさばのゴマ醬油（ごまさば）や骨付きの鳥肉を水から炊く水炊きなど個性豊かな食事が多い。

うどんだけでこれだけの誘引力――高松――

観光やビジネス需要がさほど高くないにも関わらず、高松を目指す旅行者は多い。まさに、讃岐うどんを食べに旅行に出かけているのだ。

今回提示した「讃岐うどん」は、「訪問者経験率」86・8％（経験度35・8％）であった。今後については、10・5％が「食事を第一の目的として」、19・5％が「主要な目的と

讃岐うどん　トラベルライフ誌提供

博多ラーメン　トラベルライフ誌提供

して」訪れたいとしている。「関与度」は特に20~30代女性で高くなっている。「食事費用」は、平均1200円の安さ(48位)である。

讃岐うどんブームの鍵は、この「食事費用」にあるのではないだろうか。他の地域の「食」に比べて極めて廉価で、一杯100円。つまり、3杯でも300円で、これは店巡りにとても有利である。ラーメンなど一杯700円としても、3杯で2000円を超えてしまう。また、一杯の量が少なく、油が使われていないのも女性の食べ歩きに拍車をかけている要因と考えられる。

讃岐うどんの歴史は古く、旧讃岐国(香川県)の時代に既に記載されている。丸亀の小麦粉、小豆島の醤油、瀬戸内海の塩とイリコを使って美味しいうどんが作られていたようだ。ちなみに現在小麦はオーストラリア産が多いといわれている。

食事場所は、普通の一般店と客が麺を自分で温めたりするセルフサービス店、製麺所の横でうどんを出す店の3タイプ。約800軒といわれているが、様々なタイプの店があるため定かではない。かけうどん、ざるうどん、ぶっかけ、生醤油うどんとメニューはいろいろあるが、面白いのは麺の食感のみによって味が評価される点。料理として評価される大阪・京都のうどんとは別物と考えるべきかもしれない。お汁も「つゆ」と言わず、「だし」といって、いりこの強いだし汁を使う。

讃岐うどんブームのきっかけは、地元のタウン情報誌「タウン情報かがわ」の単行本「恐るべきさぬきうどん」のようだ。最近では、香川県出身の監督本広克行氏の映画「UDON」でさらに注目されている。

調査対象者のコメント

「東京では見たことのないネタがあった。特に巨大なシャコ」（博多・男性21歳）
「博多ラーメンを屋台のはしごをして食べた。どこも個性があった」（博多・男性39歳）
「替え玉というルールは面白い」（博多・女性23歳）
「もつは美味しかった。もう一度行きたい」（博多・男性48歳）
「博多ラーメンは当たり外れがほとんどないくらい美味しかった」（博多・男性19歳）
「親戚の案内の店で食べた魚料理とラーメンが値段も安く美味しかった」（博多・男性26歳）
「博多に行って、行列の屋台に並んだ」（博多・女性23歳）
「博多で有名ではない隠れたもつ鍋の店に行った。非常に美味しくて、また行きたい」（博多・女性26歳）
「博多は全般的に美味しく、高いと思わなかった」（博多・女性61歳）
「讃岐うどんのセルフサービスでやり方がわからなかったときに地元の方に親切に教えてもらった」（高松・男性48歳）
「讃岐うどんは店によって味がいろいろで楽しかったです」（高松・女性48歳）
「高松市の讃岐うどんは価格も安く美味しい！」（高松・女性22歳）
「１００円サイクリング（行政がやってます）で讃岐マップを手にして讃岐うどん巡りをした」（高松・男性35歳）
「レンタカーを借りて讃岐うどん巡りをした」（高松・男性28歳）
「最高の味でうどんに対するイメージが変わった」（高松・男性41歳）
「讃岐うどんを食べるためだけに友人３人で四国に行った」（高松・男性25歳）

5 Dグループ「美食都市」
——京懐石・伊勢海老・和牛の名物都市。高かったけど美味しかった——

Dグループには、〝食の歴史都市〟の京都、〝三重ブランド〟を代表する伊勢・志摩、そして〝国際的にも評価の高い洗練された食事〟のできる神戸などとなった。

「場」の雰囲気も味の内——京都・神戸——

京都は、世界的な観光地で毎年多くの旅行者を惹き付け、その奥深さによりリピーターが非常に多い都市である。

今回提示した「京懐石・川床料理」は、「訪問者経験率」50・7％（経験度44・9％）であった。今後については、8・4％が「食事を第一の目的として」、18・5％が「主要な目的として」訪れたいとしている。「食事費用」は、平均7000円と高い（2位）。

京都は、平安時代の貴族の料理「饗応膳料理」、鎌倉時代の禅宗の料理「精進料理」、桃山時代の千利休が体系化した「茶懐石」、江戸時代の「普茶料理」と日本の食の歴史そのものが今も受け継がれている。また、庶民の料理も「おばんざい」として独特の個性を残している。特に乾物の使用と若狭からの一塩ものが有名で「芋棒」に代表される棒鱈と海老芋の煮物、鯖寿司や甘鯛の昆布じめは美味しく女性に人気がある。

夏の風物詩ともいえる川床料理は、貴船が有名で、川面から数10センチ上に座敷を作って食事を楽しむ。水の流れを見る視覚的な涼しさ、せせらぎを聞く聴覚的な涼しさ、そして素麺などの涼しげな料理と盛り付けで五感で涼しさを楽しむ趣向になっている。「食事費用」が高くても、納得させられるのが京都の凄さといえる。

神戸は、外国人居留地に住む外国人によって国際色豊かな観光地として発展した。旧居留地や異人館は訪れる人も多い。今回提示した「神戸ビーフ」と南京町（中華街）を中心とする「中華料理」では、「訪問者経験率」65・6％（経験度48・3％）であった。今後については、6・9％が「食事を第一の目的として」、19・3％が「主要な目的として」訪れたいとしている。「食事費用」は、平均5300円である。

神戸ビーフはステーキやすき焼きで神戸を訪れたら一度は食べてみたいもの。南京町は横浜中華街、長崎新地中華街とともに3大中華街のひとつで、東西約200メートル・南北約110メートルの地区に約100軒のお店が集まっている。場所はJR西日本と阪神電鉄の元町からすぐ。あずまやや長

近江牛にぎり　トラベルライフ誌提供

鮑ステーキ　志摩観光ホテル提供

安門は夜ライトアップもされている。

三重ブランドのイメージで品質重視――伊勢・志摩――

三重県で今回提示した「志摩観光ホテルフランス料理・伊勢海老・的矢かき」は、「訪問者経験率」63・0％（経験度37・5％）であった。今後については、8・9％が「食事を第一の目的として」、18・7％が「主要な目的として」訪れたいとしている。「食事費用」は、平均6000円で6位である。

三重県では、県内の代表的な食材を三重ブランドとして認定している。その第1号が2001年度（平成13年度）認定の的矢かきである。的矢かきは志摩半島の水を水源とする的矢湾で養殖されている。えさとなるプランクトンが多いため、通常の3年でなく1年養殖。生でもフライでも美味しい。もうひとつは伊勢海老。全国3位の水揚げ高を誇る。この伊勢海老と鮑のステーキで有名なのが、志摩観光ホテルである。1951年（昭和26年）創業の老舗ホテルで、昭和を代表する建築家村野藤吾氏による歴史的な建築物。メインダイニングの「ラ・メール」は、『華麗なる一族』にも登場する。フランスの哲学者サルトルや吉田茂元首相など内外の有名人もひいきにしていた。伊勢・志摩はスペイン村が開業した1994年（昭和59年）には2000万人の旅行者が訪れたが、近年は約半分まで落ち込んでいる。

このグループには近江牛の大津・琵琶湖、米沢牛の米沢と高級ブランド牛の本場が入っている。

調査対象者のコメント

「京都の京懐石がとてもきれいで、薄味で感動した」（京都・女性65歳）
「味もさることながらお店の雰囲気が味を盛り上げてくれる」（京都・男性28歳）
「川床料理は雰囲気も素晴らしかった」（京都・男性53歳）
「上品で目でも楽しめ、満喫した」（京都・女性32歳）
「中華街で並んで小龍包を食べて美味しかった」（神戸・女性55歳）
「とろけるようなステーキだった」（神戸・男性39歳）
「三ノ宮のケーキなど洋菓子がいろいろあり素敵」（神戸・女性20歳）
「神戸で食べた最高級のステーキ、一人前25000円は本当に美味しかった」（神戸・男性61歳）
「雄琴温泉で近江牛ステーキを食べたが美味しかった」（琵琶湖・女性53歳）
「近江牛のレストランで食べたランチが安くて美味しかった」（琵琶湖・男性64歳）
「米沢で食べた米沢牛のステーキがとても美味しかった。忘れられない」（米沢・男性39歳）
「鮑のステーキとフランス料理が旅の思い出」（伊勢・志摩・女性65歳）
「新鮮で身が引き締まっていて美味しかった」（伊勢・志摩・男性29歳）
「志摩観光ホテルのフランス料理。窓の外の英虞湾の夕景、美味しい料理」（伊勢・志摩・男性58歳）
「石で貝を焼いて食べるのが美味しかった」（伊勢・志摩・男性36歳）

6 Eグループ「食べ歩き都市」

——名物のある大都市。出張族の密かな楽しみ——

Eグループは、愛知万博以降〝名古屋めし〟で有名になった名古屋、肉厚の〝仙台牛タン〟が驚きの仙台、〝独特の食文化〟を有する那覇が入った。

ビジネスマンの口コミが作った大食旅都市——名古屋・仙台——

名古屋めしといえば、味噌煮込みうどん・櫃まぶし・名古屋コーチン・きしめん・天むす・小倉トースト・味噌カツ・手羽先唐揚げ・エビフライ・あんかけスパゲティー・豪華なモーニングサービスがあげられる。いずれも名古屋を中心に愛知・三重・岐阜の3県ではあたりまえだが、他の県からの旅行者ではちょっとひく人も。この地域外へは2005年（平成17年）の愛知万博で名古屋に関心が集まり波及しだした。

今回提示した「櫃まぶし・味噌カツ・名古屋コーチン」の「訪問者経験率」は71・4％（経験度47・9％）であった。今後については、6・1％が「食事を第一の目的として」、18・3％が「主要な目的として」訪れたいとしている。特に10～20代女性が高くなっている。「食事費用」は、平均2900円と手頃。

櫃まぶしは、1回で3度美味しいといわれる鰻の食べ方で、お櫃に細かく刻んだ鰻の身を乗せたものをまず混ぜ、1回目はそのまま。次は薬味のねぎ・海苔・山葵をまぶして。最後にお茶やだし汁でお茶漬けにするもの。ちなみに愛知県の鰻生産量は浜名湖のある静岡県を押さえて、鹿児島県についで全国2位。このほかに、トンカツに八丁味噌を使った味噌だれソースで食べる味噌カツ。元尾張藩士の兄弟の努力でできたといわれる名古屋コーチンなどがある。

仙台で今回提示した「牛タン」は、「訪問者経験率」58・6％（経験度31・2％）であった。今後については、5・6％が「食事を第一の目的として」、20・1％が「主要な目的として」訪れたいとしている。「食事費用」は、平均3100円である。

仙台では「仙台牛タン」として、焼肉店などのタン塩と区別されている。仙台で食べた誰もが通常の焼肉屋のものとの違いに驚く。まず厚さ、そして柔らかさである。仙台牛タンは戦後「太助」初代の佐野啓四郎氏が開発した物。皮むきや独特の仕込みによる熟成作業であの柔らかさが生まれる。

一般的な牛タン定食は、牛タン焼・麦飯・テールスープが

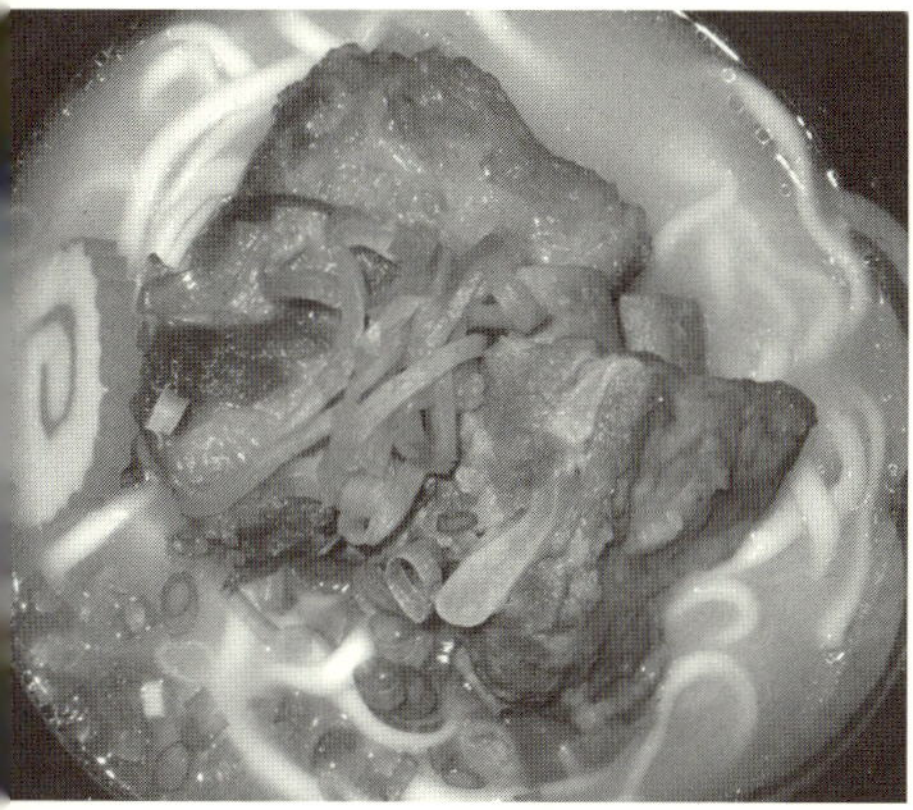

ソーキそば　トラベルライフ誌提供

仙台牛タン　旅の販促研究所撮影

ついていて、肉は塩・味噌・からし味噌が選べる。転勤族や出張から東京に戻ったサラリーマンにより広まった。

独特の食文化が好き嫌いをはっきりわける――那覇――

那覇で今回提示した「沖縄料理・沖縄そば・ステーキ」は、「訪問者経験率」90・7％（経験度49・6％）であった。「訪問者経験率」は、非常に高く3位である。今後については、4・4％が「食事を第一の目的として」、17・8％が「主要な目的として」訪れたいとしている。「食事費用」は、2400円である。観光目的が強いため、「関与度」はさほど高くはない。

特徴的なコメントは同じ沖縄そばでも「美味しかった」という人と「食べられなかった」という人がいることだ。癖のある味付けは、はまるとやみつきになるが、ダメな人は離れる。豚肉料理が中心で、豚の角煮ラフテーやあばら骨を煮込んだソーキ、耳の軟骨部分のミミガーなどがある。またもっと癖のある山羊料理（ヒージャー）や泡盛と紅麹に豆腐を漬け込んだチーズのような豆腐よう、イラブーといわれるエラブ海蛇の煮込みなど多彩。調味料も島唐辛子を泡盛に漬け込んだコーレーグースなど独特のものが存在する。アメリカの影響を受け、タコライスやステーキハウスも多く、高級店ではステーキを鉄板で焼くパフォーマンスが見もので観光客を集めている。

このグループには他に、やはり特徴のある名物のある地方大都市、広島、浜松・浜名湖、函館が入っている。

調査対象者のコメント

「櫃まぶしは初めて食べたときカルチャーショックを受けたほど美味しかった」（名古屋・男性48歳）
「鶏肉が苦手なのに名物の手羽先は美味しく食べられた」（名古屋・男性40歳）
「櫃まぶしを初めて食したとき、3回の食べ方があることを知った」（名古屋・男性61歳）
「牛タンが肉厚で美味しかった」（仙台・女性36歳）
「牛タンの厚さと柔らかさにビックリした」（仙台・女性51歳）
「ステーキが凄くでかくて、雰囲気も良かった」（那覇・男性33歳）
「沖縄料理が口に合わないので驚いた」（那覇・男性59歳）
「ソーキそばを食べた時は今までにない美味しさ」（那覇・女性37歳）
「パフォーマンスをしながら焼いてくれたステーキが印象的だった」（那覇・女性53歳）
「お好み焼きは本当に美味しかったので、帰ってからもよく食べるようになった」（広島・男性40歳）
「広島市内の小料理屋でカキづくしの料理をいただきましたが、調理方法がバラエティに富んでいました」（広島・女性34歳）
「浜松で食べたうな重は最高だった！」（浜松・男性27歳）
「浜名湖で知人に紹介されて入った鰻専門店での鰻料理の焼き方、味が素晴らしかった」（浜名湖・男性65歳）
「お寿司は寒さと景色のよさもあるのか、最高に美味しかった」（函館・女性39歳）
「朝市で食べたウニグラタンがあまりに美味しく、夜もそこに行ってしまった」（函館・女性31歳）

7 Fグループ「ちょっと美食都市」

――有名料理とブランド食材のある都市――

Fグループには、〝加賀料理と魚介料理〟で有名な金沢・和倉と首都圏からの観光客が非常に多い〝新鮮な魚介〟が食べられる伊豆、〝寒ぶりやホタルイカ〟で名が通っている氷見が入った。

関西の奥座敷「能登の温泉地」と首都圏の奥座敷「伊豆の温泉地」――金沢・和倉、伊豆――

金沢・和倉は加賀百万石の文化と石川の郷土料理が個性的な「食」文化を作っている都市である。今回提示した「加賀料理・魚介料理」は、「訪問者経験率」59・3%（経験度32・0%）であった。今後については、3・4%が「食事を第一の目的として」、14・3%が「主要な目的として」訪れたいとしている。「食事費用」は、平均5400円である。

加賀料理は贅沢な食材ではなく庶民的な料理を豪華な器に盛り付けるもので、かぶら寿司やじぶ煮、鯛の唐蒸《からむし》が有名。また、魚介は季節ごとに春のいさざ・きす・ぼら、夏のサザエや鮑・おこぜ・しゃこ、秋の松茸・イカ、冬の寒ぶり・カニ・甘エビが楽しめる。金沢には高級なところから気軽なところまで多くの料亭、料理屋がある。和倉には能登の温泉で有名な「加賀屋」があり、カニをはじめとした新鮮な魚介類と手の込んだ料理を楽しませてくれる。

一方の伊豆は、伊豆稲取港で漁獲高日本一の稲取金目で有名な近海ものの金目鯛やむつ、めだいなどの伊豆の三大鮮魚。伊勢海老の鬼殻焼き。西伊豆戸田《へだ》の高足ガニ。松崎町の山葵や朝取り筍がある。

今回提示した「魚介料理」は、「訪問者経験率」74・6％（経験度52・7％）であった。今後については、4・1％が「食事を第一の目的として」、14・5％が「主要な目的として」訪れたいとしている。「食事費用」は、平均4000円である。

伊豆は有名温泉地が多いのが特徴。熱海、伊東、網代、熱川、下田、修善寺、大仁、戸田など旅館や民宿も充実し、どこでも新鮮な魚介類が用意されている。東京から近いのが何よりの売りだ。

この時期はまぐろより寒ぶり――氷見――

富山湾の氷見は、寒ぶりで有名な町。冬の嵐が来て鰤起しという雷がなると寒ぶり漁が旬になる。今回提示した「魚介料理・寒ぶり」は、「訪問者経験率」58・9％（経験度6・0％）であった。今後については、3・5％が「食事を第一の目的として」、12・2％が「主要な目的として」訪れたい

氷見の寿司　旅の販促研究所撮影

伊豆の魚介料理　伊豆下田温泉 ホテル山田屋提供

としている。「食事費用」は、平均４１００円である。

ぶりは出世魚で、つばいそ・ふくらぎ・がんど・ぶりと名前が変わる。「いしり」というタイのナンプラーやベトナムのニョクマムのような魚醤も有名。「きときと」という言葉をよく使うが、これは新鮮という意味で、白エビ・ホタルイカ・甘エビなどの新鮮な魚介が美味しい。しゃぶしゃぶなども入った寒ぶりのフルコースが人気で、旅行会社の企画商品も多い。ただ、夏場などの寒ぶり以外の時期が課題となっている。

このグループには他に、「豊後牛」を提示した大人気の温泉地湯布院、「皿鉢《さわち》料理・鰹たたき」を提示した高知、「魚介料理」の外房がはいっている。また、氷見同様に近年有名になったブランド食材のある都市、「黒豚料理」の鹿児島、「関さば・関あじ、城下かれい」の大分、「ふかひれ料理」の気仙沼も同グループとなった。

調査対象者のコメント

「生麩の料理が美味しかった」（金沢・和倉・女性20歳）
「新鮮な魚料理は忘れられない」（金沢・和倉・男性67歳）
「温泉で食べたカニが印象的」（金沢・和倉・女性44歳）
「加賀屋の懐石料理」（金沢・和倉・男性63歳）
「加賀屋の鮑のバター焼とステーキは子供の1番の思い出」（金沢・和倉・男性62歳）
「じぶ煮。その土地で食べる物は旨い」（金沢・和倉・男性47歳）

「鯵の干物を目の前で焼いてくれた」（伊豆・女性59歳）
「金目鯛の味を知った」（伊豆・女性28歳）
「徳造丸の金目鯛は必ず食べる」（伊豆・女性23歳）
「鯵のたたきが新鮮で美味しかった」（伊豆・男性28歳）
「伊勢海老の刺身と鮑の踊り焼」（伊豆・女性58歳）
「寒ぶりのフルコースは現地でしか食べられないイロイロな美味しい食べ方がある」（氷見・女性37歳）
「のどくろの塩焼きと白海老が特に忘れられない」（氷見・男性65歳）
「たこ飯を食べたら、しょうゆが特別な物だと教えてくれた」（氷見・女性64歳）
「カツオのたたきはとても美味しかった」（高知・女性64歳）
「大皿に盛り付けられた形に感動した」（高知・女性66歳）
「皿鉢料理はもう一度食べたい」（高知・女性63歳）
「湯布院の居酒屋で地鶏と豊後牛を食べながら地酒を飲んだのが楽しかった」（湯布院・男性24歳）
「初めの日は黒豚のしゃぶしゃぶを、２日目は黒豚のとんかつを、３日目は薩摩料理をいただきました」（鹿児島・女性61歳）
「大分で食べたあじと鯖は特に美味しかった」（大分・男性42歳）
「お刺身と大皿のふかひれ料理は最高」（気仙沼・女性43歳）

8 Gグループ「これから食べ歩き都市」

――安価で気軽な名物のある都市――

Gグループには、〝蔵とラーメンの街〟の喜多方と〝餃子で大人気〟の宇都宮、〝卓袱《しっぽく》料理・ちゃんぽん〟の長崎が入った。

プロモーションが成功した食旅都市――喜多方・宇都宮――

喜多方で今回提示した「ラーメン」は、「訪問者経験率」92・5％（経験度21・3％）であった。50都市中トップでほとんどの人が行ったときに食べていることになる。今後については、2・8％が「食事を第一の目的として」、12・5％が「主要な目的として」訪れたいとしている。「食事費用」は、最も安く平均1100円である。

「蔵とラーメンの街」として知られているが、最初のプロモーションは1987年（平成9年）発足の蔵のまち喜多方老麺会（ラーメン会）に始まる。2600棟以上の蔵をもつ喜多方を守るアイデアだった。現在は約120軒のラーメン店（食堂という名称が多い）があり、人口比率日本一のラーメンの街になっている。「食」による街興しの成功都市として視察も多い。太めの平打ち縮れ麺が特徴。喜多方は飯豊山からの雪解け水によって水が良く、酒造元や醤油蔵も多い。

一方の宇都宮で今回提示した「餃子」は、「訪問者経験率」64・7％（経験度23・2％）であった。今後については、3・6％が「食事を第一の目的として」、12・7％が「主要な目的として」訪れたいとしている。「食事費用」は、平均1400円である。

宇都宮市の職員が当時の世帯あたりの餃子年間購入金額が日本一なのに注目し、餃子でのPRを考えたもの。1993年（平成5年）には宇都宮餃子会が発足し、餃子マップなどを作成した。宇都宮駅前に餃子の像を作ったり、「宇都宮餃子祭り」を開催するなどPRが多彩である。人気店は、「宇都宮みんみん」と「正嗣《まさし》」などでどちらも6個で200円前後と安く、食べ歩きもできる。

両都市とも、もっとも日本人の好きな手軽で安価な料理を〝観光資源〟として、官民一体となってアピールし、いわば、街ぐるみで「食旅都市」となった都市といえる。博多や高松のCグループの「B級グルメ都市」へと成長する可能性を秘めている。「食旅」を考えるときに貴重なポジショニングにある都市といえる。

宇都宮餃子　旅の販促研究所撮影

卓袱料理　トラベルライフ誌提供

異国情緒で女性に人気――長崎――

長崎で今回提示した「卓袱料理・ちゃんぽん」は、「訪問者経験率」73・7％（経験度41・7％）であった。今後については、2・2％が「食事を第一の目的として」、13・2％が「主要な目的として」訪れたいとしている。「食事費用」は、平均2500円である。

卓袱料理とは、大皿に盛られた料理を、朱塗りの円卓を囲み味わうコース。宴会料理でお鰭《ひれ》と呼ばれる吸い物でスタートし、和食・中華・洋食がミックスされ、和華蘭《わからん》料理とも呼ばれる。トウバニ（豚の角煮）などの食材が特徴的。またちゃんぽんは、「四海楼」の初代店主が当時の中国人留学生のために中華鍋一つで出来る栄養価の高い食事として開発したもの。チェーン店の「リンガーハット」で全国的に知られるようになった。観光要素の高い長崎だが、日本的でない「食」が名物として、旅行者を呼んでいる。しかも、提示のちゃんぽんや皿うどんは値段も安く、本場で試したいお手軽な名物と言える。

このグループには他に、気軽に食べられる麺類が提示された、「信州そば」の長野・松本、「きりたんぽ鍋・稲庭うどん」の秋田、「椀子そば・盛岡冷麺」の盛岡、「飛騨牛・高山ラーメン」の高山が入っている。また、「鯛・タコ」の明石、「松島かき」の松島、「地鶏料理」の宮崎も同グループになった。

調査対象者のコメント

「器と料理の色のコントラストが忘れられない」（長崎・女性43歳）

「本場のちゃんぽんが食べられてうれしかった」（長崎・女性37歳）
「元祖の店に行ったがちゃんぽんはもちろん、皿うどん・角煮も美味しかった」（長崎・女性36歳）
「喜多方ラーメンを一時間程度の休憩時間で3軒の店で一杯ずつ食べた」（喜多方・男性41歳）
「評判の店で並んで食べた」（喜多方・男性51歳）
「並んで待ったけど損しない味」（喜多方・女性47歳）
「お店をはしごして食べ比べをした」（宇都宮・女性37歳）
「餃子マップがあり楽しめた」（宇都宮・女性28歳）
「長野のそばは何処で食べても美味しい」（長野・松本・女性45歳）
「そばの香りがして美味しい」（長野・松本・女性34歳）
「きりたんぽ鍋をその土地で食べたので格別うまかった」（秋田・男性26歳）
「稲庭うどんが食べたくて、わざわざ山深い稲庭まで行ったら、お店が混んでいてビックリした」（秋田・女性45歳）
「仲間とチャレンジした椀子そばが忘れられない。素晴らしいエンターテイメントだ」（盛岡・男性25歳）
「飛騨牛がとても美味しかった。またわざわざ食べに行きたい」（高山・男性28歳）
「明石のたこは、これがたことは思えぬ程、新鮮で透き通っていて本当に美味しかった」（明石・女性57歳）
「チキン南蛮の発祥地を探して食べに行った」（宮崎・女性43歳）
「やきがきが美味しかった。それ以来かきが食べられるようになった」（松島・女性52歳）

9 Hグループ「まだまだ食べ歩き都市」

——これから全国区になる名物のある都市——

Hグループには、「ほうとう」の甲府、「魚介料理・へぎそば」の新潟、「いか料理」の呼子が入った。

まだまだプロモーションに課題が——甲府・新潟——

甲府で今回提示した「ほうとう」は、「訪問者経験率」74・0％（経験度34・5％）であった。今後については、1・0％が「食事を第一の目的として」、6・9％が「主要な目的として」訪れたいとしている。「食事費用」は、平均2200円である。

山梨の郷土料理ほうとうは平打ちの麺を野菜と共に味噌仕立てで煮込んだ麺料理。かぼちゃを煮崩して入れるかぼちゃほうとうや珍しいあずきほうとうもある。風林火山の旗がある食事場所は必ずほうとうを置いているという。知名度は決して低くないにもかかわらず、是非食べたい名物としては定着していない。たしかに、東京や大阪などの大都市に「ほうとう専門店」としての進出はあまり聞かない。食べた人は美味しいというのだが、その土地ならではの、ちょっと珍しい食材が使われていないからだと考えられる。

一方の新潟で今回提示した〝魚介料理・へぎそば〟は、「訪問者経験率」47・4％（経験度20・8％）

であった。今後については、1・0％が「食事を第一の目的として」、8・8％が「主要な目的として」訪れたいとしている。「食事費用」は、平均3100円である。

新潟は、魚沼産のコシヒカリや料理もさることながら日本酒の地酒王国で96の蔵元を誇っている。どちらかというと、〝すっきり端麗の美味しい日本酒〟が全国区となっているようである。

食事はカニの他、南蛮エビ、のどぐろ、村上の鮭、わっぱ飯、新潟野菜。果物では洋ナシのル・レクチェなどが有名。とくに冬の新潟の食事は美味しい。「にいがた　冬　食の陣」などで旅行者誘致もしている。もうひとつのへぎそばは、へぎと呼ばれる幅30センチ長さ50センチの大きなせいろのような器に一口大のそばを30個ほど盛り付け、3～4人で食べる。つなぎに麩海苔を使用したつるつるしこしこのそばだ。

認知度UPが鍵――呼子――

呼子は福岡空港から佐賀県唐津市へ電車で1時間、そこから車で30分くらいの玄界灘に面した町で、いかの活き作りで有名である。今回提示した「イカ料理」は、「訪問者経験率」

呼子イカ料理　トラベルライフ誌提供

甲府ほうとう　旅の販促研究所撮影

69・4％（経験度6・2％）であった。今後については、3・3％が「食事を第一の目的として」、8・6％が「主要な目的として」訪れたいとしている。「食事費用」は、平均3300円である。

呼子では、ケンサキイカ、アオリイカ、ヤリイカの3種類のイカを季節に合わせて料理してくれる。イカは陸に上がって3日の命とも言われ、調理のスピーディーさが命。ここでは注文が入ってから、水揚げしてさばくまでわずか30秒。無色透明の活き造りのイカが味わえる。高山・輪島と並んで3大朝市のひとつ呼子朝市では、自家製塩辛や一夜干しも買える。生イカ専用醤油も販売されているし、イカしゅうまいも美味しい。食材としてブランドになりつつある。効果的なPRにより、旅行者の意向度をまだまだ上げる可能性のある都市といえる。

他に、このグループでもっとも関与度の高かったのは、旭山動物園で話題の旭川の「旭川ラーメン」だった。また、「アンコウ鍋」を提示した大洗・平潟や「椿フォンデュ・島寿司」の伊豆大島、岐阜・長良川の「鮎料理」、出雲・宍道湖の「出雲そば・奉書焼きなどの宍道湖料理」、伊香保・渋川「水沢うどん」、和歌山「和歌山ラーメン」なども入った。それぞれ、有力な地元の名物と言えるものだが、知名度や料理自体のインパクトの面で全国区の名物にはなっていないということができる。しかし、これらの都市も当調査のプレ調査で多くの旅行者の支持を得て本調査の対象都市となったことを付け加えておきたい。

調査対象者のコメント

「ほうとうが思ったより美味しかった」（甲府・女性45歳）

「スキーで行った越後湯沢のへぎそばは美味」（新潟・女性40歳）
「へぎそばと日本酒の組み合わせは最高」（新潟・男性69歳）
「生簀の魚介料理の店はどれも新鮮で美味しい」（新潟・女性50歳）
「イカを食べた時の透明さに驚いた」（呼子・女性34歳）
「活き造りは格別に美味しく、しかも高価でなくて良かった」（呼子・女性65歳）
「イカとふぐは本当に美味しかった」（呼子・男性77歳）
「店の前でアンコウをさばいてくれた」（大洗・平潟・女性45歳）
「アンコウ鍋がとても美味しかった」（大洗・平潟・男性36歳）
「伊豆大島の島寿司は地物ばっかりでよかった」（伊豆大島・女性47歳）
「伊豆大島のづけの握りは好みの味」（伊豆大島・女性59歳）
「魚だしのラーメンを初めて食べたときの味」（旭川・男性64歳）
「旭川ラーメンは東京の支店より美味しかった」（旭川・男性30歳）
「長良川の鮎は大きかった」（岐阜・長良川・女性20歳）
「出雲そばが美味しくてお参り前に食べて、またお参り後に食べた」（出雲・女性53歳）
「宍道湖でとれた魚料理」（宍道湖・男性52歳）
「水澤観音のうどんは美味しかった」（伊香保・男性42歳）
「和歌山ラーメンをバスに乗って、ガイドブックで探してやっと見つけて食べた。満足感があった」（和歌山・男性54歳）

Column❸

絶対地元で食べたい「ご当地ラーメン」

ラーメンは今や日本の「国民食」の代表選手といっていい。国民食と言うより、むしろ代表的な日本料理の地位を得ている。旨い、安い、早いと3拍子そろった、「庶民の味」、「B級グルメ」でもある。ラーメン屋は現在では海外の主要都市には必ず数軒あり、在住の日本人だけではなく地元の人々にも愛されている。本場であるはずの中国や香港、台湾にも出店している。

「ご当地ラーメン」の始まりは1950年代から全国に知られるようになった「札幌ラーメン」がその走りと言われる。味噌ラーメンやバターラーメンなど新しい味覚をつくり、人気を集め「ラーメン横丁」などができ観光客を呼び寄せた。

1980年代後半から各地に独特のラーメン文化が形成されていることに注目が集まり、地域興しの手段としてアピールされはじめ、各地で名物ラーメンがマスコミの話題となった。ラーメンが「観光資源」となり旅行者の誘致に大きく貢献するようになったのである。「喜多方ラーメン」などがその嚆矢であった。これらは「ご当地ラーメン」と称され、ラーメンの個性を楽しむ人たちに支持され、一大ラーメンブームを起こした。しかし近年、「ご当地ラーメン」の全国的な乱立により、観光資源としてのインパクトの低下が心配されている。

それでも、旨いラーメンが食べたいという日本

是非現地に行って食べてみたい「ご当地ラーメン」

	ご当地ラーメン	件		ご当地ラーメン	件
1	札幌ラーメン(札幌市)	1260	6	旭川ラーメン(旭川市)	725
2	博多ラーメン(福岡市)	1192	7	函館ラーメン(函館市)	620
3	長崎ちゃんぽん(長崎市)	1179	8	尾道ラーメン(尾道市)	557
4	喜多方ラーメン(喜多方市)	1128	9	和歌山ラーメン(和歌山市)	437
5	沖縄そば(那覇市)	848	10	横浜家系ラーメン(横浜市)	417

※旅の販促研究所調査(n=2200)複数回答

人は多い。本調査では、ラーメンの好き嫌いではなく「是非現地に行って食べてみたいご当地ラーメン」を聞いてみた。果たして、交通費や宿泊費と多くの時間をかけてまで、食べてみたいラーメンはどこのラーメンだろうか。1位は元祖ご当地ラーメン「札幌ラーメン」で、2位は豚骨ラーメンの雄「博多ラーメン」となった。この二つは誰もが認める東西の横綱と言っていいだろう。以下は通常のラーメンランキングに観光要素が加味された結果になっている。3位は「長崎ちゃんぽん」、4位「喜多方ラーメン」、5位「沖縄そば」、6位「旭川ラーメン」。それぞれラーメンとしても上位ランキングの常連だが、「現地に行って食べてみたい」という観光的な要素が大きいラーメン都市といえよう。東京や大阪など大都市では地元店の出店もあり、どこのご当地ラーメンも食べることができる。しかし、地元で食べるご当地ラーメンの味は格別に違いない。

写真上：札幌ラーメン　写真下：長崎ちゃんぽん　ともにトラベルライフ誌提供

第5章

国内食旅の事例

1 シェフの腕が旅行者を呼ぶ――伊勢・志摩――

信仰の町とマリンリゾートの地区「伊勢・志摩」

伊勢・志摩は、江戸時代からのお伊勢参りで有名な伊勢地区とマリンリゾートの鳥羽地区、リアス式の美しい英虞湾を中心とした志摩地区の3エリアに分かれる。伊勢地区には686年、実に1300年以上前から天照大神を祭る内宮と外宮を中心に125社からなる伊勢神宮があり、江戸時代には人口の5人に1人が伊勢参りをしたと伝えられている。2013年には20年に一度の神様の住まいを新たに造り替える式年遷宮を控え、現在も年間600万人の参拝者数を有する。近くには、おかげ横丁やおはらい町が建てられ、創業280年の伊勢みやげの定番「赤福餅」で有名な赤福本店もあり、ほうじ茶と作りたての餅を楽しめる。独特のたまり醤油と出汁のタレをかけた伊勢うどんの店も多い。鳥羽地区には鳥羽水族館やミキモト真珠島があり、パールロードからの眺めには定評がある。カツオの刺身を乗せた手コネ寿司が美味しい。そして、志摩地区は1994年にオープンしたテーマパーク志摩スペイン村パルケエスパーニャやリゾートホテルの集まる英虞湾最大の島の賢島が人気だ。名古屋から2時間、大阪から2時間半と近鉄特急を中心にアクセスも良い。

三重県は、三重ブランド認定制度を実施しており、伊勢・志摩地区では、紫外線で殺菌した海水シャワーを20時間以上かける無菌牡蠣の的矢かきが2003年に認定第1号になったのを始め、食関係では、身の引き締まった伊勢海老や大粒で柔らかい鮑が認定されている。また、「美味し国、まいろう。」伊勢・志摩キャンペーンを毎年10月から3月まで実施している。

鮑のステーキと伊勢海老のクリームスープ「志摩観光ホテル」

山崎豊子原作の『華麗なる一族』でも登場する、日本の洋式リゾートホテルの草分けともいえる「志摩観光ホテル」は1951年に創業した老舗ホテルだ。歴史的な建物である東館と西館に続き、1969年に本館を建て増しして現在に至っている。部屋数は125室。設計は広島市の世界平和記念聖堂や日生劇場を手がけた建築家、村野藤吾氏である。伊勢志摩で獲れる鮑や伊勢海老、地元の恵まれた食材を活かした〝海の幸フランス料理〟が堪能できる〝オーベルジュ〟リゾートとして国内外の多くの賓客が宿泊した。2008年にはオールスイートルームのホテルも隣接地にオープンする。

「ラ・メール」　志摩観光ホテル提供

志摩観光ホテルの鳥居総支配人によると、「開業当初は真珠の買い付けに来る外国人が多く、この外国人を対象に洋食を提供していた。帝国ホテル出身者を料理長にし、最初から日本人向けのハンバーグ・エビフライのようなものでなく、本格的な洋食を出してきた。その後、フランスからエシャロット、アーティチョークなどの食材が

伊勢海老料理　志摩観光ホテル提供

輸入できるようになり、シーフードをメインにする本格的なフランス料理を提供するようになった」そうだ。

ホテルを有名にしているのは、メインダイニングの「ラ・メール」と元総料理長の高橋忠之シェフである。素材の良さを活かしながら独特のソースをかけていただく「鮑のステーキ」や「伊勢海老のグリル」、口いっぱいに香りとうまみが広がる「伊勢海老のクリームスープ」は、内外の食通をうならせてきた。伊勢海老を丸ごと全て使った「伊勢海老のカレー」も驚きの一品である。心も体も豊かになる日本一のカレーは、滞在のお客様の要望で出来上がったそうである。また、店内から見渡せる英虞湾の風景も食事に彩りをあたえる。特にサンセット時、入り組んだ湾内に真珠筏がならび、静かな海面に夕陽が差す光景は人生の思い出に残る瞬間かもしれない。

時代に合わせた「食」の新しい取り組み

宿泊客層も徐々に変化してきている。従来は60代以上が中心だったが、現在は40代や女性グループ、母娘も増えてきている。オーベルジュ的に利用されていて、ほとんどが食事目的だ。そのため予約時の問い合わせの8割は料理に関する話だという。最近の宿泊客はインターネットで事前によく調べているそうだ。

現在の宮崎料理長によると「オリーブオイルや野菜ソースを使った〝軽い〟感じの料理を新しくメニューに取り入れている。鮑のステーキなども様々なタイプで提供している。また、オードブルやデザートで何かお客様がサプライズできるものをと考えている」そうだ。

最近の試みとしては、三重大学の医学部と一緒に、C型肝炎の人を対象に、病気でも美味しいものが食べられるという企画〝グルメディカルツアー〟を2年前からスタートしている。ホテルに宿泊し、3食健康に配慮しつつ美味しい食事を取り、適度の散歩をする。大学の先生から自宅料理についても指導を受けられ、リピーターも多い。〝ヘルシー〟というと、あまり美味しくない食事を想像してしまうが、〝美味しくて体にいい〟というのがキーポイントといえる。

新しくオープンするホテルの最上階に「ラ・メール」は移転するが、そこでは「ADF＋TSUJI　ル・サントル・フォルマシオン・アラン・デュカス」の協力により、本場フランスの最新の調理技法を採り入れた新たなメニューも提供する。

地元の食材とシェフの腕が旅行者を呼び、リピーター化している、日本の観光地において貴重な「食旅」事例である。そして、伝統を継承しながら、常に進化しつづける姿勢こそが、常連客を満足させながら新しい客層を引き込んでいく秘訣と言えるだろう。

2 ラーメンで元祖フードツーリズム——喜多方——

全国有数の蔵の街「喜多方」

蔵とラーメンの街で知られる喜多方。福島県の北西部に位置しており、北部は山形県に接し、東には磐梯山、西には飯豊山を頂く、農業を中心とした街である。関東圏からは東北新幹線で郡山へ。そこから磐越西線で会津若松駅。赤べこのモニュメントを見ながら乗り換えて、鉄道で15分。会津盆地の北のため古くは「北方」とも呼ばれていた。2600棟以上の蔵があり、蔵めぐりが観光ポイントだ。駅前には、蔵の形をした観光馬車もあり、のどかな雰囲気。蔵が多い理由は、昔火事が多くてほとんどの家が蔵造りになったそうだ。市内の安勝寺というお寺は本堂が蔵造りになっている。

喜多方が知られるようになったのは、近代的な街造りのため壊されていく蔵を文化遺産として後世に残そうと、

蔵デザインの観光馬車 旅の販促研究所撮影

昭和50年代に市内在住の写真家が開いた蔵の写真展からで、それをＮＨＫが取り上げて世に広まった。老舗の酒蔵も多く、会津の酒蔵元の御三家のひとつ大和川酒蔵では大和川酒蔵北方風土館として見学もできる。時間によっては案内もしてもらえる。ひんやりとした中では、酒造りの様々な道具を展示、さらに中に入ると銘酒が薄暗い中並んでいる。奥が広く、次の部屋はコンサート会場にもなっている。出口での利き酒も楽しめる。

他にも蔵のまち美術館や１７５５年創業の味噌醤油の醸造元の若喜商店レンガ蔵（国登録有形文化財）、足を延ばせば、赤レンガを積み上げた蔵を持つ三津谷レンガ蔵群や、しっくい壁と赤レンガを組み合わせた蔵で有名な杉山蔵群がある。撮影を目的に来ている旅行者も多いのが特徴で、ベロタクシーやレンタサイクルで蔵を回っている。

名産は、喜多方漆器と会津桐の下駄や箪笥。ニシンや雄国そばをあてに銘酒を楽しむ観光客も多い。休日や観光シーズンにはＳＬばんえつ物語号も走って、鉄道ファンが大勢押し寄せる。

日本３大ラーメンのひとつ「喜多方ラーメン」

喜多方を有名にしているもうひとつの横綱がラーメンである。約５４０００人の町で１００軒以上のラーメン屋があり、人口密度割合日本一ともいわれている。札幌、博多とともに日本３大ラーメンのひとつ。コシが強い平打ち熟成多加水麺という太めの縮れ麺が特徴で、チャーシューも美味しい。大正末期に一人の中国人のひいた一軒の屋台が始まりだそうだ。

観光客は駅前の観光案内所で喜多方老麺会（有志50軒）が作っているラーメンＭＡＰを手に入れて町に繰り出す。蔵のまち喜多方老麺会は１９８７年に老舗「まるや」の二代目店主を中心に発足した団体で、喜多方市の観光PRの一環として喜多方ラーメンに関する活動を行っている。街の中には喜多方ラーメンテーマ館としておみやげ用の品揃えが豊富な会津喜多方ラーメン館もにぎわっている。

今回の取材では、駅から近い元祖喜多方ラーメンの「源来軒」でラーメン（５５０円）を食べた。醤油ベースの鶏ガラスープにチャーシュー・メンマ・ネギ・ナルトと支那そば風。天然水を使った麺はつるつるしこしこ。器が小さめで、これなら食べ歩きも出来そう。刻んだネギとにんにくの醤油付けの薬味が置いてあって、少し入れると、また味が変わって面白い。お土産のラーメンが８５０円で売っている。他にも、肉そば（チャーシューメン）で有名な「坂内食堂」、早くから行列のできる「まこと食堂」、「老舗上海」や「あべ食堂」などたくさんのラーメン屋がある。○○食堂という名前が多いのも特徴だ。

蔵の町観光案内所のボランティアガイド野々下さんのお話によると「喜多方のラーメンが美味しいのは、まず良質の水に恵まれている」とのことだ。霊峰飯豊《いいで》山からの伏流水がラーメンに欠かせない美味しい醤油や味噌を作っている。実際に大和川酒蔵北方風土館の横から出ている湧水を飲んでみると、柔らかいソフトな口当たりでとても美味しかった。

喜多方ラーメン 旅の販促研究所撮影

街全体で自然に旅行者をおもてなし

喜多方をコースに入れる周遊のバスツアーも多く、ＪＴＢの旅物語やクラブツーリズムのツアーバッチをつけた観光客も多い。集合時間を決めて、それぞれが自由に街歩きを楽しんでいる。添乗員が集団で案内するよりも、自由な感じが、街の雰囲気を壊さずいい環境を作っているようだ。

街を歩きながら、喜多方の人気の秘密がなんとなくわかってきた。実に居心地がいいのである。案内所は駅と街中にあるが、どちらも親切にいろいろ教えてくれる。ラーメン店は混んではいるが、客を捌いている感じは無く、並んでもあまり苦にならない。店の数も多いので並んでも東京のようには待たない。道路はゴミが少ない。それは、観光の場所と同時に生活の場所でもあるからかもしれない。まさに、「住んでよし。訪れてよし」の街づくりといえる。

もうひとつは、街全体で旅行者をもてなしているところ。何かプロモーションを行おうとすると、賛成派と反対派、さらには無関心派と結局何も出来ないという地域は多いが、喜多方はラーメンや観光にたずさわっている人たちや、行政の人たちだけでなく生活者もベクトルを合わせて旅行者をもてなしている感が強い。そんな街の一体感がけっして希少価値が高くない「食」であるラーメンで街を興した秘訣なのかもしれない。

3 マグロで旅行者を呼ぶ可能性――大間――

本州最北端の港町「大間」

まさかりの形の下北半島の先端、本州最北端の大間町はマグロの一本釣りで全国に知られる町である。海流がぶつかり合う絶好の漁場を持ち、最高級のクロマグロで有名だ。北緯41度33分、東経140度58分の大間崎には最北端の碑とマグロ一本釣りのモニュメントが建っている。

下北半島の観光では、高野山・比叡山と並ぶ日本3大霊場のひとつ恐山、寒立馬で有名な尻屋崎、奇岩群が2キロメートルに渡って続く仏ヶ浦などがある。温泉では、400年前から続く薬研温泉やメモリアルロードとして戦前中止になった幻の大間鉄道の駅舎を模した足湯が有名な下風呂温泉がある。特産は、青森ヒバの工芸品やベコ餅。

関東圏から大間へのアクセスは、北回りと南回りの2本のルートがある。北回りは飛行機で函館空港へ、そして函館港から東日

大間　マグロ一本釣りのモニュメント　旅の販促研究所撮影

本フェリーで大間港へ入る。フェリーで1時間40分。17・5キロメートルだ。もうひとつの南ルートは、東京駅から東北新幹線「はやて」で八戸、そこから野辺地を経由して大湊線で下北駅。あとはレンタカーやバスで279号線を北上。「きらきらみちのく下北号」なら東京駅を7時36分に出ると八戸から乗り換えなしで13時06分に下北駅に着ける。レンタカーに乗り約2時間で大間に到着だ。羽田空港から三沢空港や青森空港経由でJRの特急「つがる」や「白鳥」で行く方法もある。

最高級の味「クロマグロ」

大間のマグロの名前を一躍有名にしたのが映画「魚群の群れ」。作家吉村昭の小説をもとに相米慎二監督によって映画化された。故夏目雅子やマグロ漁師に扮した緒方拳ら俳優・スタッフが町に泊まり込んでの撮影で、1983年6月から9月までロケが行われた。そのほかにも2002年4月から放映された大間町が舞台のNHKの連続テレビ小説「私の青空」や2007年にテレビ朝日で放送された主演渡哲也の「マグロ」など数々のロケで登場する。

大間のマグロの旬は8月からで、秋から冬にかけて上がる200キログラム級は1000万円以上にもなる。2001年1月の初セリで2000万円をつけたのは記憶に新しい。キロ10万円だ。信じられないくらいだが、大間のマグロは1970年代後半ごろから魚影が薄くなり、一時期大間沖からの水揚げはほとんどなかった。1993年以降徐々に水揚げがもどり、現在の活況をみせている。

イベントも盛んになり、毎年8月14日の大間町主催「ブルーマリンフェスティバル」ではマグロの解体ショーが行われる。その日は舟漕ぎ競争や津軽海峡海鳴り太鼓、歌謡ショーや花火大会も開

大間マグロにぎり寿司　旅の販促研究所撮影

かれ大間町は活気にあふれる。また、10月中旬の大間町商工会主催の「超マグロ祭り」は即売会も行われるので県外からも新鮮な生マグロをもとめて大勢の観光客が訪れる。ＪＲ青森駅からはツアーバスが出されるそうだ。

今回の取材はマグロのあがる時期ではなかったが、予約しておけば1年中大間マグロをだしてくれる「浜寿司」で大間マグロを食べた。大間マグロの特徴は、荒々しい北の海に揉まれただけあって、身がしまり、脂の乗りが素晴らしい。トロ、中トロはもちろんのこと、赤身も十分に味わい深くとても美味しい。大間産マグロのにぎり盛り合わせは、色合いも美しく、味はもちろん最高であった。

マグロ以外にも下北は魚介の宝庫である。活けイカ（真イカ）や鮑、陸奥湾で取れる大粒で肉厚のホタテ、うにやいくら、じゃっぱ汁といわれる鱈をつかった汁物などが人気だ。

観光面からの大間の可能性

大間町の一番の観光スポットは、やはり本州最北端の大間崎である。町の中心部からは車で5分程度と近く、タクシーでも気軽に行ける距離だ。道中には40数年前に、一本釣りの漁師さんが大物を仕留めて建てた「マグロ一本釣りの館」もある。ドラマの舞台にもなった家である。大間崎に着くと、天気がよければ弁天島の向こうに函館山や函館市内が見える。夜は夜景が美しく、函館の花火大会のときはこちら側から見ても十分楽しめるそうだ。大間崎レストハウスは観光協会の案内所もあり、最北端の証明書も発行してくれる。

土産屋も充実していて、観光バスで来て、マグロのトロ炊きやマグロラーメン、マグロの塩辛、特産のヒバ材の工芸品やマグロをかたどった孫の手、ベコ餅などを買い求める旅行者も多い。マグロのモニュメントと最北端の碑は写真スポットとして人気だ。

大間町役場の産業振興課の野崎さんと笹谷さんにお話をお伺いしたところ、「観光バスのシーズンは5月から9月。10月の超マグロ祭りも大勢の観光客が集まる」とのこと。最北端を目指すバイクや自転車でのツーリングも多く、無料の大間崎テントサイトに泊まるバイカーも多いそうだ。炊事棟も完備されているし、車ですぐの大間温泉海峡保養センターでは立ち寄り湯も楽しめる。現在は、大間崎以外に観光スポットがあまりないため、本州から車やバイクで来た人が、そのままフェリーで函館に渡っているように感じられる。つまり通過点になってしまっているのだ。

大間町の周辺には、下風呂温泉や仏ヶ浦など様々な観光スポットもあり、それらと組み合わせる事で観光を楽しむ事ができる。アクセスには難があり、多くの旅行者を受け入れるにはホテル、旅館やレストラン、食堂などの観光インフラもまだまだ十分とはいえない。しかし、日本人の〝マグロ好き〟は疑う余地はなく、本場での食体験を求める意向は根強い。周辺観光地との連携と観光インフラの整備、さらに情報を発信することにより、新たなる「食旅都市」として成長する可能性はあるといえよう。

4　万博が有名にした名物めし――名古屋――

東西どこからでも便利な都市「名古屋」

古くは尾張の国として栄え、戦後は東海エリアの中心として200万人の人口を持つ名古屋。100メートル道路や大規模な地下街、テレビ塔のある栄を中心に、南北に延びるセントラルパーク。2000年にはJRセントラルタワーズが完全オープンし、高さ245メートルの北側のオフィスタワーと南側の名古屋マリオットアソシアホテルを中心としたホテルタワーは名古屋の新しいシンボルになっている。JR名古屋高島屋も大変な人気だ。2007年には、名古屋駅前にトヨタの入るミッドランドスクエアと名古屋ルーセントタワーが新しくオープンし、ますます活況を呈している。

東京から1時間半、大阪から1時間と東西どこからも近く、高速バスも充実。中部国際空港は市内からのアクセスのよさで、アジアからのハブ空港の役割も果たしている。市内には、JR東海、名鉄に加え5本の地下鉄が走り各所をつないでいる。

観光面でも、金の鯱で有名な名古屋城。三種の神器のひとつ草薙神剣を祀っている熱田神宮。地元ではあつたさんと呼ばれている。他にも、尾張徳川家に関わる名品を集める私立の博物館としては有数の徳川美術館、紅葉の名所として知られる香嵐渓や名古屋水族館がある。また、少し離れる

櫃まぶし 旅の販促研究所撮影

が、犬山の文明開化を象徴する建物を移設した明治村博物館など多彩。織田信長、豊臣秀吉、徳川家康と戦国の3大英傑のゆかりの場所も多い。

また、最近では産業観光としてトヨタテクノミュージアム・産業技術記念館、ノリタケの森、ロボットミュージアムにも人気が集まっている。

愛・地球博で全国的にブレイクした「名古屋めし」

その名古屋を一躍有名にしたのが2005年3月25日から9月25日まで185日間にわたって開催された2005年日本国際博覧会「愛・地球博」だ。自然の叡智をテーマに別名エコ万博とも呼ばれ、2200万人もの入場者を集めて、大成功に終わった。そして、博覧会のニュースと共に広がったのが独特の名古屋の食文化、いわゆる「名古屋めし」である。

筆頭は、〝まずはそのまま、次に薬味を加え、最後にだし汁のお茶漬けで3度美味しい〟といわれる「櫃まぶし」。蒲焼にしたウナギの身を細かく刻んでご飯に乗せて出される。小ぶりなお櫃に入れて出されるために、そう言われるそうだ。また、赤味噌をスープで煮込んだ特性味噌ダレを、揚げたトンカツにかけて食べる「味噌かつ」。タレは意外

手羽先 旅の販促研究所撮影

とあっさりしていて、名前よりも食べやすい。焼鳥やすき焼きが美味しい「名古屋コーチン」。尾張の地鶏と中国のバフコーチンをかけ合せた鳥で、赤みにコクがある。

また、熟練の技での手打ち麺はコシが強く、熱いのでフタによそって食べる「味噌煮込うどん」。こしょうの薬味がくせになるサラリーマンご用達の「手羽先」。他にもうどんを平たくしたような幅広の麺が特徴の「きしめん」や「あんかけスパゲッティ」。津が発祥だが名古屋のイメージの強い小エビの天ぷらが具の「天むす」、挽肉とトウガラシで辛い「台湾ラーメン」、牛モツを味噌だしで煮込んだ「どてやき」。「しぐれハマグリ」や抹茶・ユズが美味しい「大須ういろ」に喫茶店の「豪華モーニングサービス」と話題に事欠かない。

地下街が発達していて、名古屋駅周辺のエスカやテルミナ、メイチカ、サンロード、ユニモールなどに有名店の支店が出されており、ほとんどの名古屋めしが出張や乗り換えの合間に味わえるのも便利だ。

万博のインターネットによる口コミのパワー

1970年の大阪万博。6000万人と愛知万博の3倍もの入場者を集めた国際博覧会があった。

その時に伝わった「食」はソ連館のピロシキであり、インド館のインドカレーであり、ブルガリア館のヨーグルトなど世界の「食」であった。それが当時の日本人にとって驚きをもって話題となったのであろう。現在、日本ではどんな世界の「食」も手に入るし、情報としてすでに持っている。愛知万博では、そんな世界の珍しい「食」よりも、名古屋めし自体が伝播したのはとても興味深い事だ。

愛知万博の入場者は大阪万博の3分の1であったが、発信された情報量は逆に数十倍あったのではないだろうか。大阪万博当時は雑誌やテレビからの情報だけであったのに対し、愛知万博の時は訪れる前に、名古屋の食事場所もインターネットのブログなどで結構調べ、どこどこの櫃まぶしが美味しいということまで知って出かけた人は多い。名古屋のブロガーもここぞとばかりに、美味しい店を紹介してくれていた。

名古屋の「食」は、全部ではないが地元の食材を使った伝統のある料理ではない。しかも、高価でもなく、希少価値のあるものも少ない。しかし、万博を境にあっという間に「大食旅都市」になってしまった。ビジネスでの名古屋出張の際にも必ず「名古屋めし」のひとつふたつは食べてくる、という人は多い。「食旅」にとって、最も相性がよい媒体はイベントとインターネット、すなわち「口コミ」ということは間違いなさそうである。

Column❹

もらってうれしい「食」のお土産

旅にとって切っても切れないものが「お土産」だろう。旅がそれほど珍しくなくなった今日、家族やご近所、職場などにお土産を買って帰るという風習は激減している。お土産の風習がなくなってきているのは、旅が特別なものでなくなっただけではなく、本来その土地でしか販売していない名物が都会ではデパートなどで買えるようになってきたことと、貰う側も贅沢になり国内旅行の定番、いわゆる「温泉饅頭」では喜ばなくなってしまったことにもある。さらに、荷物を山のように抱えてする旅は敬遠され、身軽にスマートにする旅を求め始めてきたことにもよる。

しかし、どの観光地にもお土産屋があり、駅や空港にもその土地ならではのお土産がたくさん並んでいる。定番のお土産から、新しく生まれたお土産までますます豊富になっているように感じられる。冷凍やレトルトの技術や宅配便などの普及により、いままでお土産にならなかった名物も品揃えに入ってきた。義理土産を山のように買うことは少なくなってきたが、やはり、その土地のお土産を記念として自分や留守宅家族のために買うのは旅の喜びのひとつだ。そして、貰う側も土産話とともにもらう珍

貰った食べ物・飲み物で印象に残っているお土産は（国内）

	お土産	件
1	北海道　カニ	61
2	博多　明太子	38
3	北海道　六花亭	24
4	北海道　白い恋人	23
5	仙台　萩の月	21
5	仙台　牛タン	21
7	京都　漬物	19
8	北海道　ホタテ	18
9	沖縄　泡盛	17
9	山形　さくらんぼ	17
	番外	
1	果物	70
2	うどん	28
3	日本酒	22
4	焼酎	20
5	牡蠣	15

※旅の販促研究所調査（n=2200）複数回答

しいお土産はうれしいものである。

本調査ではお土産の中で「食」に関するものについて聞いてみた。「貰った食べ物・飲み物で印象に残っているお土産」を自由回答であげてもらった。一般商品名と商品の固有名詞が混在し、難しい集計となったが、ベスト10は表のとおりで、1位は「北海道　カニ」となった。高額な土産品だが貰ったら誰でもうれしいだろう。2位は「博多　明太子」で、すぐに食卓にのぼるのがうれしい。3位、4位は北海道の銘菓、実際に貰った経験者も多いからだろう。5位が仙台の銘菓、名物になったのはなかなか興味深い。番外はどこのという、いわば産地指定が無いものをランキングしてみた。1位は「果物」で他を圧倒している。以下「うどん」、「日本酒」、「焼酎」と続いている。以前ほど旅行者がお土産を買わなくなった、と言われているが、それでもお土産品はその土地の文化であり、大きな「観光資源」であることは間違いない。各地でもっと楽しい、美味しい「食」のお土産品が誕生することを期待したい。

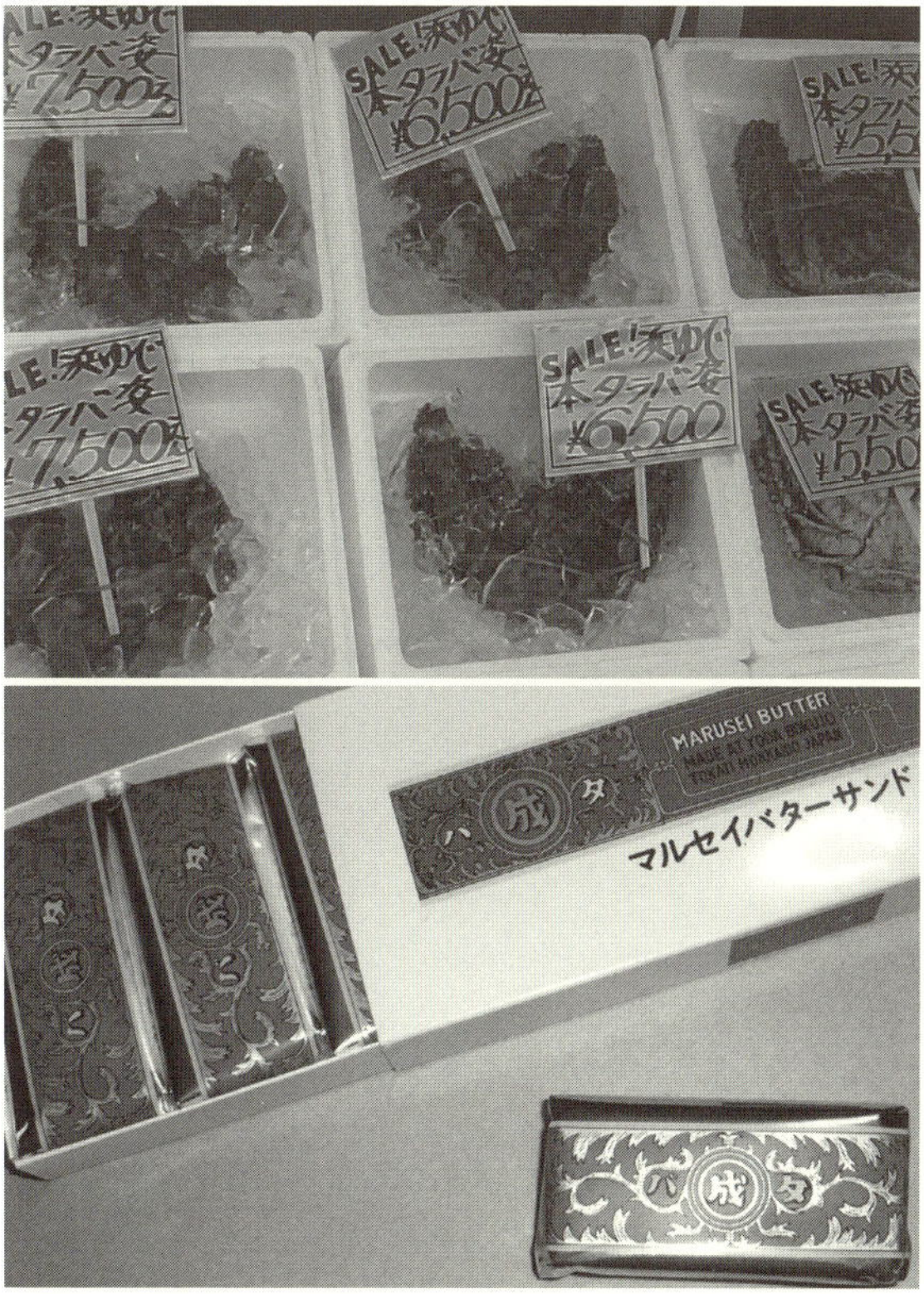

写真上：北海道カニ　写真下：六花亭　ともに旅の販促研究所撮影

第6章

海外食旅の実態と意向

1 「海外食旅」の実態

「海外食旅」の傾向は

この章では、調査結果から得られた「海外食旅」の「実態」と「意向」について、各項目ごとに解説していく。基本的な指標は「国内食旅」と同様であり、「実態」は経験した旅行についての〝ありのまま〟を数値化し、傾向を分析したものである。

主な調査項目は以下の通り。

・食事を目的とした旅行経験「経験度」
・訪れた人が提示された食事を食べた率「訪問者経験率」
・行ったことのある海外の都市「訪問経験」
・その都市で食べたことのあるもの
・その食事で使用した金額「食事費用」

10代～40代の女性の3割以上が海外食旅を経験——「経験度」

図表①は食事を目的とした海外旅行経験の実態について確認した結果である。国内調査と同様に、旅行を目的とした旅行経験については、「食事を第一の目的として行ったことがある」、「食事を第一の目的ではないが主要な目的として行ったことがある」、「食事を目的として海外旅行に行ったことはない」の3つに分けて確認した。「食事を第一の目的として行った」海外旅行の経験者は全体の3・3%、「食事を第一の目的ではないが主要な目的として行った」を加えると24・0%が食事を主な目的として海外旅行を楽しんだ経験を持っている。国内旅行の結果（59・0%）と比べると低いポイントに見えるが、国内旅行ほど「食」そのものをテーマとした旅行商品は多くなく、情報量も少ない中で、海外旅行者の4人に1人が「食」を旅の主要目的としているという数字は決して低いものとはいえないであろう。

性・年代別の傾向を見ると、やはり女性の方が「食旅」に積極的な人が多く見られ、「食事を第一の目的として」＋「食事を主要な目的として」で見ると、男性の19・5%に対し、女性は28・4%と10ポイントほど上回っている。しかし、女性層でも40代までは3割以上見られるのに対し、50代では26・8%、60代では16・1%とポイントを落としている。これは国内旅行でも同様の傾向が見られ、年配層では観光要素を優先する人が多いことに加え、海外の食事に対して抵抗のある人も多いことが要因となっていると考えられる。

図表①「海外食旅」経験

	①食事を第一の目的として行ったことがある	②食事を第一の目的ではないが主要な目的として行ったことがある	①+② 食事を目的として行ったことがある	食事を目的として海外旅行に行ったことはない
全体(n=2200)	3.3	20.7	**24.0**	76.0
男性計(n=1078)	2.6	16.9	**19.5**	80.5
10~20代(n=182)	1.6	14.9	**16.5**	83.5
30代(n=217)	2.8	16.6	**19.4**	80.6
40代(n=216)	3.2	18.6	**21.8**	78.2
50代(n=228)	3.1	18.8	**21.9**	78.1
60代(n=235)	2.1	15.3	**17.4**	82.6
女性計(n=1122)	4.0	24.4	**28.4**	71.6
10~20代(n=221)	5.4	26.7	**32.1**	67.9
30代(n=217)	3.7	30.4	**34.1**	65.9
40代(n=218)	5.5	28.9	**34.4**	65.6
50代(n=224)	2.7	24.1	**26.8**	73.2
60代(n=242)	2.9	13.2	**16.1**	83.9

食の経験都市では、ソウル・香港が高ポイント――「訪問者経験率」

海外の都市と食事をセットで提示して、その都市で提示した食事をした経験を確認した結果が図表②の「経験度」の値である。ソウル、香港は30％強、ホノルル、パリ、ローマが30％弱で次いでおり、以下、バンコク、台北、サンフランシスコ、ロスアンゼルス、ミラノが20％台で続いている。

しかし、この結果は旅行経験者の多い都市は当然そのポイントを伸ばすため、たとえばホノルルは対象者のほぼ半数は訪問経験があるとしていることから、経験度でも3位となっているが、「訪問経験」と食の「経験度」に大きな乖離が見られ、ハワイ旅行における食事のウエイトは、旅行経験者の9割以上が提示した食事をしているソウル、香港と比べ低いことが分かる。

このようにその都市の旅行経験者に占める食経験者の比率を示した値が「訪問者経験率」である。このポイントが高い都市は、その都市に行ったら食べてみようと思う食事がある都市という意味で、食による旅行者誘引に成功している都市といえる。その都市・国の代表的な食事を提示したため全体的に高いポイントとなっているが、ソウル、ホーチミン、成都、フランクフルト、イスタンブー

図表② 経験度／訪問経験／訪問者経験率

（n=2,200 ／全体ベース）

	経験度	訪問経験	訪問経験率
ソウル	33.0	34.9	94.5
香港	32.2	35.6	90.4
ホノルル	29.4	49.0	60.0
パリ	28.2	36.6	77.0
ローマ	27.2	32.0	85.1
バンコク	23.9	26.6	89.6
台北	22.0	24.7	89.0
サンフランシスコ	21.6	25.8	83.8
ロスアンゼルス	21.3	33.4	63.8
ミラノ	20.9	23.8	87.6
ロンドン	19.9	27.2	73.2
シドニー	19.1	21.5	88.6
フランクフルト	17.4	18.7	93.0
北京	16.5	18.3	90.3
上海	16.3	20.0	81.4
ナポリ	14.5	15.9	91.4
グアム	14.0	36.0	38.8
ニューヨーク	13.9	21.8	63.7
マドリッド	12.7	13.9	91.5
バンクーバー	11.5	16.3	70.7
バリ	11.0	13.9	79.1
ジュネーブ	9.4	13.1	71.3
釜山	9.0	10.7	83.9
クアラルンプール	7.9	11.4	69.3
ホーチミン	7.0	7.5	94.5
広州	6.5	7.3	89.4
ブリュッセル	5.6	7.9	70.7
モンサンミッシェル	5.2	6.9	75.5
ブダペスト	5.1	6.2	81.8
アテネ	4.9	8.3	58.8
イスタンブール	4.9	5.3	92.2
成都	4.1	4.4	93.8
カイロ	3.9	4.6	84.2
メキシコシティ・カンクン	3.5	4.3	81.1
ニューデリー	3.0	3.4	88.0
マルセイユ	2.6	4.0	64.8
モスクワ	2.6	3.5	75.3
リスボン	2.5	4.2	59.1
クライストチャーチ	2.0	7.2	27.8
ボルドー	1.9	2.2	87.5
ストックホルム	1.9	5.2	36.8
ニューオリンズ	1.5	2.7	56.7
リオデジャネイロ	1.2	1.5	76.5
チュニス	0.4	0.4	88.9

ル、マドリッド、ナポリ、香港、北京は訪れた人の90％以上が提示した食事を経験している。

大半の都市で「1千円～5千円未満」の食事が中心となっている――「食事費用」

次に「食事費用」を見てみよう（図表③）。費用については、1万円以上・5千～1万円未満・1千円～5千円未満・1千円未満の区分で分類した。国内では9都市が平均金額で5千円を上回っていたが、海外食旅ではパリの6千円を除いて、いずれも5千円を下回っており、1千円未満の構成が非常に高いバリ、ホーチミンを除いて、1千円～5千円程度で食事をしている人がいずれの都市でも最も多くなっている。

平均金額の2位以下は、ホノルル、ボルドー、北京、上海、ロスアンゼルス、広州、ニューヨーク、バンクーバー、シドニー等が4千円台で次いでおり、ボルドー以外は物価の高い英語圏の諸都市と高級料理とのコンビで提示した中国の3都市となっている。

2～3千円台のリーズナブルな価格帯では、「経験度」の高いソウル、香港、ミラノ、台北、ローマ等の都市が並んでいる。

図表③　食事費用

各都市での食経験者ベース

（単位：円）

2 「海外食旅」の意向

行ってみたい「海外食旅」は――「関与度」

次に行ってみたい「海外食旅」の意向（関与度）について検証する。
関与度については、

①食事を第一の目的として行きたい
②食事を第一の目的ではないが主要な目的として行きたい
③その都市に行ったら是非食べてみたい
④その都市に行って機会があれば食べてみたい
⑤特に食べたいとは思わない・知らない

に分け、各都市名と代表的な食事内容を提示し確認した。それぞれの関与度に強弱があるため、①を10点、②を5点、③を3点、④を1点、⑤を0点として加重平均し、それを「関与度スコア」とした。

図表④は都市別に確認した結果を合算して、海外旅行における食旅の意向の程度を確認したものである。これを見ると、提示した都市のいずれかひとつでも「食事を第一の目的として行きたい」と回答した人が全体の23・2％、食事を第一の目的として行きたい都市はないが、「主要な目的として行きたい」都市がある人が33・9%となっている。「食事を第一の目的として行きたい」都市がある人は、女性の10~20代と30代で4割、40代でも3割と多く見られ、これらの層での食旅意向の高さが確認できる。

次に、その都市に旅行する際の食の「関与度」を示したものが図表⑤の「関与度スコア」である。このポイントが高い都市ほど、食を目的としてその都市を訪れたいとする人の多い都市である。ベスト10は、ソウル、ナポリ、香港、上海、北京、ミラノ、釜山、ローマ、マドリッド、台北の順で、韓国焼肉、イタリアン、中華が上位を占める。

食べ慣れた食事を本場で——ソウル・ナポリ・香港——

ソウルは「焼肉・韓定食」、ナポリは「ピッツア・パスタ」、香港は「飲茶」を提示して食経験を確認したが、いずれも経験者の平均金額は2~3千円台とリーズナブルで、日本でも日常的で親しみのある食事がトップ3となった。いずれの都市も3割以上が「食事を第一の目的として」+「食事を主要な目的として」訪れたいとしており、ソウルは10~20代女性と30代女性の24・0%と4人に1人が、ナポリは10~20代女性の19・0%と5人に1人が「食事を第一の目

図表④海外「食旅」意向

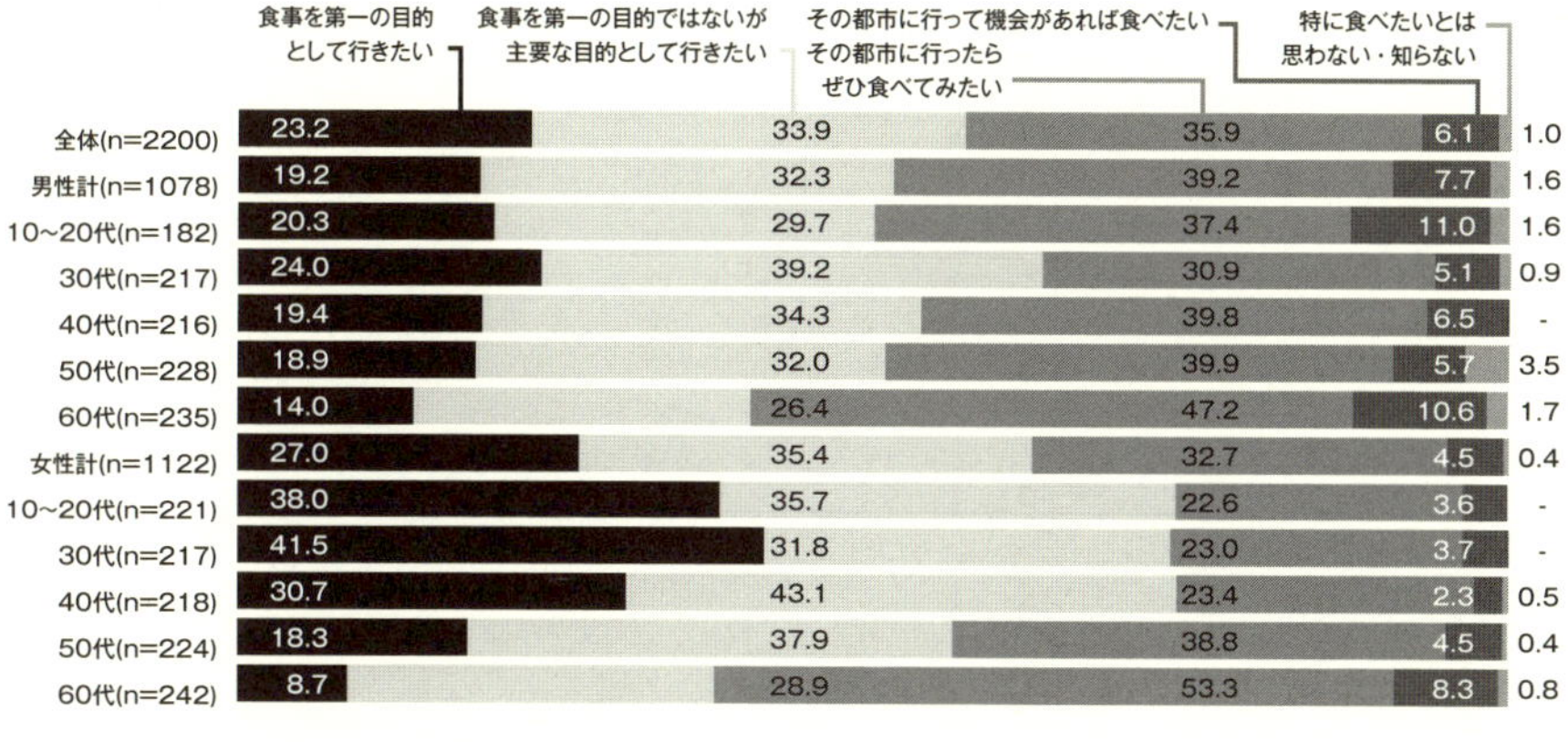

図表⑤　関与度　(n=2,200／全体ベース／単位：%)

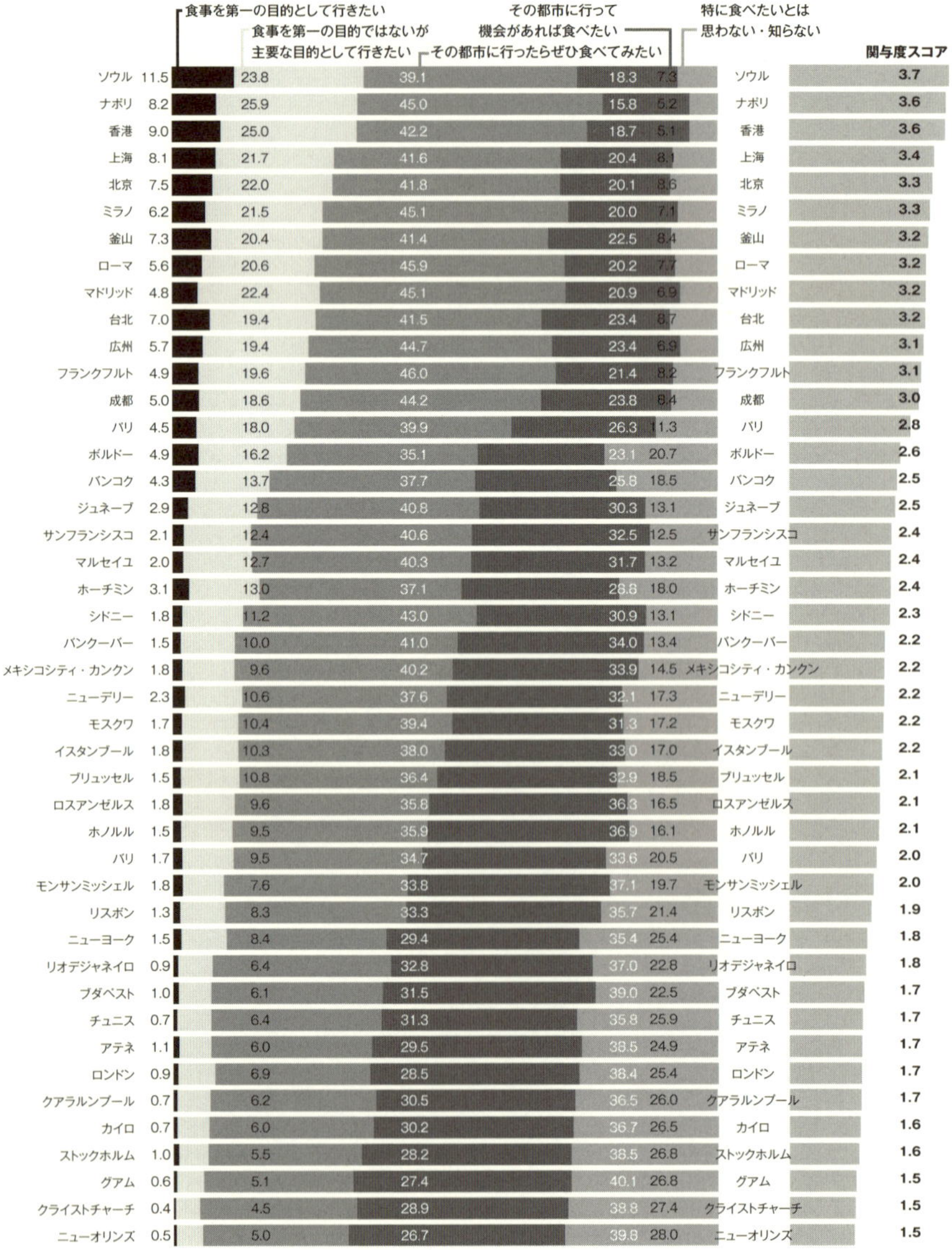
食事を第一の目的として行きたい
食事を第一の目的ではないが主要な目的として行きたい
その都市に行ったらぜひ食べてみたい
その都市に行って機会があれば食べたい
特に食べたいとは思わない・知らない
関与度スコア
ソウル 11.5 23.8 39.1 18.3 7.3 3.7
ナポリ 8.2 25.9 45.0 15.8 5.2 3.6
香港 9.0 25.0 42.2 18.7 5.1 3.6
上海 8.1 21.7 41.6 20.4 8.1 3.4
北京 7.5 22.0 41.8 20.1 8.6 3.3
ミラノ 6.2 21.5 45.1 20.0 7.1 3.3
釜山 7.3 20.4 41.4 22.5 8.4 3.2
ローマ 5.6 20.6 45.9 20.2 7.7 3.2
マドリッド 4.8 22.4 45.1 20.9 6.9 3.2
台北 7.0 19.4 41.5 23.4 8.7 3.2
広州 5.7 19.4 44.7 23.4 6.9 3.1
フランクフルト 4.9 19.6 46.0 21.4 8.2 3.1
成都 5.0 18.6 44.2 23.8 8.4 3.0
パリ 4.5 18.0 39.9 26.3 11.3 2.8
ボルドー 4.9 16.2 35.1 23.1 20.7 2.6
バンコク 4.3 13.7 37.7 25.8 18.5 2.5
ジュネーブ 2.9 12.8 40.8 30.3 13.1 2.5
サンフランシスコ 2.1 12.4 40.6 32.5 12.5 2.4
マルセイユ 2.0 12.7 40.3 31.7 13.2 2.4
ホーチミン 3.1 13.0 37.1 28.8 18.0 2.4
シドニー 1.8 11.2 43.0 30.9 13.1 2.3
バンクーバー 1.5 10.0 41.0 34.0 13.4 2.2
メキシコシティ・カンクン 1.8 9.6 40.2 33.9 14.5 2.2
ニューデリー 2.3 10.6 37.6 32.1 17.3 2.2
モスクワ 1.7 10.4 39.4 31.3 17.2 2.2
イスタンブール 1.8 10.3 38.0 33.0 17.0 2.2
ブリュッセル 1.5 10.8 36.4 32.9 18.5 2.1
ロスアンゼルス 1.8 9.6 35.8 36.3 16.5 2.1
ホノルル 1.5 9.5 35.9 36.9 16.1 2.1
バリ 1.7 9.5 34.7 33.6 20.5 2.0
モンサンミッシェル 1.8 7.6 33.8 37.1 19.7 2.0
リスボン 1.3 8.3 33.3 35.7 21.4 1.9
ニューヨーク 1.5 8.4 29.4 35.4 25.4 1.8
リオデジャネイロ 0.9 6.4 32.8 37.0 22.8 1.8
ブダペスト 1.0 6.1 31.5 39.0 22.5 1.7
チュニス 0.7 6.4 31.3 35.8 25.9 1.7
アテネ 1.1 6.0 29.5 38.5 24.9 1.7
ロンドン 0.9 6.9 28.5 38.4 25.4 1.7
クアラルンプール 0.7 6.2 30.5 36.5 26.0 1.7
カイロ 0.7 6.0 30.2 36.7 26.5 1.6
ストックホルム 1.0 5.5 28.2 38.5 26.8 1.6
グアム 0.6 5.1 27.4 40.1 26.8 1.5
クライストチャーチ 0.4 4.5 28.9 38.8 27.4 1.5
ニューオリンズ 0.5 5.0 26.7 39.8 28.0 1.5

的として行きたい」としている。

親しみのある中華、本格的中華を本場で――上海・北京――

上海は「上海料理・上海ガニ」、北京は「北京料理・北京ダック」と、上位3都市と比べやや高級な食事を提示して食経験を確認した。上海、北京ともに3割が「食事を第一の目的として」＋「食事を主要な目的として」訪れたいとしている。この2都市での食経験者は男女とも50代以上に多く見られるが、今後の意向者は30代以下の女性に多く見られ、「上海料理・上海ガニ」については30代女性の15・7％と比較的多くが「食を第一の目的として行きたい」としている。

カジュアル＆リーズナブルなグルメ旅――ミラノ・釜山・ローマ・マドリッド・台北――

ミラノは「イタリア料理・チーズ」、釜山は「海鮮料理・焼肉」、ローマは「イタリア料理・ジェラート」、マドリッドは「スペイン料理・パエリア」、台北は「台北料理・屋台料理」を提示して確認。これら5都市も意向度では上海、北京と同レベルで、3割弱が「食事を第一の目的として」＋「食事を主要な目的として」訪れたいとしている。いずれも日本でもポピュラーでリーズナブルなものが中心であるが、30代以下の女性を中心に、その食を目的にその国を訪れたいとしている人が多く見られる。

3 思い出の「飲み物」

「飲み物」トップはビール

図表⑥は海外旅行で印象に残っている飲み物としてあげられた自由回答のワードをカウントしたものである。自由回答のコメントはネガティブな印象も若干含まれるが、概ね好意的評価となっている。

やはりビール好きの日本人。堂々の1位はドイツビールだ。ドイツ各地の地ビールの種類の多さと、その美味しさについてのコメントが多く、ビアホールでソーセージを前に大ジョッキで仲間と飲む本場のビールは臨場感も含めて楽しい旅の思い出となっている人が多いようである。本場であるバイエルン地方の州都ミュンヘンで毎年9〜10月に開催される「オクトーバーフェスト」はドイツ観光のＰＲでは欠かせない観光資源となっている。一口にビールと言っても、日本でもポピュラーなラガービールやピルスナービールをはじめ、昔からの造り方で醸造所のパブで飲む「アルトビール」、オクトーバーフェストで飲まれるお祭り用の「メルツェンビール」、ミュンヘンでもっとも有名なビアホール「ホフブロイハウス」等で楽しめる「ボックビール」等々、発酵方法の違う様々な種類

図表⑥海外旅行で印象に残る飲み物トップ 10

		件数
1	ドイツ　ビール	150
2	イタリア　ワイン	101
3	フランス　ワイン	86
4	ドイツ　ワイン	57
5	中国　お茶	54
6	台湾　お茶	38
7	香港　お茶	37
8	ベルギー　ビール	35
9	カリフォルニア　ワイン	34
10	オーストラリア　ワイン	29

※旅の販促研究所調査（n=2200）複数回答

のビールが楽しめる。

今回の調査ではフランクフルトとビールの組み合わせで、今後の意向を確認したが、全体の24・5%が「食事を第一の目的として」＋「食事を主要な目的として」訪れたいとしており、食旅都市の台湾やローマと並んで高い関与度となっている。

ビールの流れで見ると、ドイツと同様に種類が多く、個性的な味が楽しめるベルギービールについてのコメントも多く見られ、ワード数では8位につけている。ベルギーはレストランが非常に多い国で、北海に面するフランダース地方では小エビやムール貝などのシーフード料理や春先のホワイトアスパラガスの料理も有名。また、ワッフルやチョコレートなどのスイーツでも有名である。

今回の調査ではブリュッセルとムール貝料理・ビールの組み合わせで意向を確認したが、「食事を第一の目的として」＋「食事を主要な目的として」訪れたいという人は12・3%程度と少なく、ベルギーの食の実力に見合わない残念な結果となっており、今後のプロモーションが期待される。

「海外食旅」にはやっぱりワイン

2位はフランスワインを凌いでイタリアワイン。「食旅」のデスティネーションとして多くの人々を魅了するイタリアで、イタリア料理とともに楽しんだワインの美味しさについてのコメントが中心となっている。世界一の生産量をフランスと競うイタリアワイン。ピエモンテ州の「バローロ」、「ガヴィ」、トスカーナ州の「キャン

フランスワイン　トラベルライフ誌提供

ティ」、ラッツィオ州の「エスト・エスト・エスト」等、イタリア北部・中部のワインは非常に有名であり、シチリア等の南部でも個性的な味のワインが楽しめる。行った先々の食事とともに、リーズナブルでかつ美味しいワインを気軽に楽しめる点が評価されているようである。

5位・6位・7位は中国、台湾、香港の中国茶。中国、台湾については、お茶の美味しさに加え、お茶の文化の深さについて、香港は飲茶と一緒に楽しんだジャスミン茶の美味しさについてのコメントが多くあげられている。

9位・10位はカリフォルニアワインとオーストラリアワイン。いずれも、機械化された生産管理等で非常に良質なワインが生産されており、世界的にもその実力が認められている。しかもリーズナブルに楽しめるということで、経験者の評価は概ね高い。オーストラリアは国をあげての食のプロモーションが行われており、ワイナリーツアーも世界に先がけて積極的に取り組んでいるが、今回の調査でもプロモーション展開の効果がうかがえる結果となっている。

調査対象者のコメントを紹介する。

「美味しかった。ハイデルベルグの学生酒場といわれるところのビールだった。ソーセージをかじり、昔の学生の落書きを見ながらのビールは格別」（ドイツビール・女性64歳）

中国茶　トラベルライフ誌提供

「オクトーバーフェストで飲んだ、本場のビールは最高に美味しかった」（ドイツビール・男性55歳）
「イタリアのワインは食事に合わせ昼間から気軽に飲める味だった」（イタリアワイン・男性57歳）
「フランスのブザンソンという村まで、幻の黄ワイン（ヴァン・ジョーヌ）を探し求めて旅をした」（フランスワイン・女性24歳）
「ショーを見ながら1本８０００円したシャブリの白ワインが美味しくて、奮発して2本も飲んじゃいました」（フランスワイン・女性42歳）
「台北のウーロン茶の味は今までに飲んだことのない美味しさだった」（台湾お茶・男性31歳）
「台北の茶芸館。中国茶の種類の多さ、奥の深さに驚いた」（台湾お茶・男性50歳）
「ジャスミンティーが美味しくて、日本に大量に買って帰った」（香港お茶・女性34歳）
「香港のジャスミン茶は日本で飲むより美味しく感じた」（香港お茶・女性43歳）
「ブリュッセルのビールがたまらなく美味しかった」（ベルギービール・男性29歳）
「各地どこに行っても美味しい地ビールがある。そのたびに飲んだ」（ベルギービール・男性58歳）
「ナパバレーのワイナリーツアーで試飲した種々のワインが美味しかった」（カリフォルニアワイン・男性41歳）
「オーストラリアのワインの値段と美味しさにビックリした」（オーストラリアワイン・男性51歳）
「シドニーで飲んだワインが気に入ってたくさんお土産に」（オーストラリアワイン・女性53歳）

4 思い出の「スイーツ」

海外旅行で忘れられない「スイーツ」は

「海外食旅」で忘れてはならないのが「スイーツ」。すなわち食事の後のデザートやティータイムのケーキ、お菓子や海外ならではのフルーツだろう。図表⑦は海外旅行で印象に残っているデザートやお菓子、フルーツなどであげられた自由回答のワードをカウントしたものである。印象に残る飲み物では概ね好意的なコメントが中心となっていたが、スイーツ系については、4位の「アメリカ・ケーキ」、8位の「ハワイ・アイスクリーム」など、ネガティブな印象が強いものも上位にあげられている。ハワイのアイスクリームは「ヤミ・ヨーグルト」など日本に上陸しているブランドもあり、ファンも多いのではないかと思われるが、主に量の多さと甘すぎる点でネガティブなコメントが中心となっている。

トップは「イタリアンジェラート」、南国のフルーツも上位

「食旅」のデスティネーションとして多くの人々を魅了するイ

図表⑦印象に残る「スイーツ」トップ10

		件数
1	イタリア　ジェラート	123
2	タイ　フルーツ	110
3	ハワイ　フルーツ	84
4	アメリカ　ケーキ	58
5	シンガポール　フルーツ	45
6	香港　マンゴープリン	44
7	バリ　フルーツ	39
8	ハワイ　アイスクリーム	35
9	台湾　フルーツ	33
9	ウィーン　ザッハトルテ	33

※旅の販促研究所調査（n=2200）複数回答

タリアの「イタリアンジェラート」。ジェラートを食べる目的でイタリアを旅行したという人も見られ、男性も含め概ね好意的な評価であった。スペイン広場でオードリー・ヘップバーンがジェラートを食べる「ローマの休日」のワンシーンの影響もあるかもしれないが、臨場感も含めてイタリア旅行の楽しい思い出になっているようである。

アジアのトロピカルフルーツは、2位のタイ、5位のシンガポール、7位のバリ、9位の台湾とベスト10中に4ヶ国がランキングされた。マンゴー、マンゴスチン、ランブータン、ドラゴンフルーツ、スターフルーツや、なんといっても果物の王様といわれるドリアンについては、匂いのきつさに関するネガティブなコメントも含めて多くのコメントがあげられた。いずれの国でもスーパーや市場、屋台などで買って食べたという人が見られ、気軽に南国にいる雰囲気が感じられるという演出効果も大きいのかもしれない。

ハワイのフルーツも3位にあげられているが、バイキング方式で食べ放題、カットフルーツの盛り合わせ等、ホテル等のサービスでいろいろな種類の果物を食べた経験に関するコメントが中心になっており、変わったフルーツ、南国らしいフルーツを試してみるという前述の4ヶ国とはやや傾向が異なっている。

マンゴープリンとケーキも思い出に

香港の「マンゴープリン」は6位で全てが好意的なコメントであった。マンゴープリンはレストランがそれぞれに製造しているため、いたるところで食べることができるが、日本にも店舗を持つ甘味処の「糖朝」や、デザート専門のチェーン店「許留山」といった店名も複数あげられている。

また、マンゴープリンとともに、香港名物で美肌効果があると話題になった「亀ゼリー」（亀苓膏）についてのコメントも比較的多くあげられている。もともとは中国華南地方に伝わる多くの薬草を使った苦味のある健康食品であり、味はともかく見た目、薬効ともに話題性のあるデザートだ。

10位は「ウィーンのザッハトルテ」。コメントでは甘すぎるというネガティブなものも見られたが、これだけの件数のコメントがあげられるということは、ウィーンの重要な観光資源となっていることが確認できる。圏外になったが、パリのマカロンやケーキ、チョコレートなどもあった。

飽食の時代、「スイーツ」が独特の観光資源となり、多くの旅行者を呼ぶ可能性は十分にある。

「スイーツ」に関する甘いコメントは、

「イタリアのジェラートが美味しかった。ジェラートの種類に『中田』というのがあった」（イタリアンジェラート・男性31歳）

「スペイン広場でジェラートを食べました。巨大で驚きましたが美味しかった」（イタリアンジェラート・女性26歳）

マンゴープリン　トラベルライフ誌提供

「タイの市場で買ったトロピカルフルーツはとても安くて美味しい」(タイ・フルーツ・男性50歳)
「現地のツアーガイドさんが選んでくれたドリアンがとても美味しかった」（タイ・フルーツ・女性33歳）
「屋台で食べたフルーツの盛り合わせで、特にドラゴンフルーツが美味しかった」（シンガポール・フルーツ・女性50歳）
「台南の玉山で、採りたてのライチやアップルマンゴーが美味しかった」（台湾・フルーツ・男性47歳）
「海辺で食べたバイキング方式の果物の美味しかったこと」（ハワイ・フルーツ・男性65歳）
「めちゃめちゃ色がカラフルで、甘さがハンパじゃなかった」（ハワイ・アイスクリーム・男性42歳）
「糖朝のマンゴープリン、許留山のマンゴーデザート。どれも美味しい！」（香港・マンゴープリン・女性29歳）
「バリで生まれて初めてドリアンを食べ、病み付きになった」（バリ・フルーツ・女性61歳）
「カフェで食べた。とても雰囲気も良く美味しかった」（ウィーン・ザッハトルテ・女性33歳）
「パリのマカロン、モンブラン、チョコレート……感動」（パリ・スイーツ・女性25歳）

マカロン　トラベルライフ誌提供

Column❺

「機内食」の人気の航空会社

海外旅行で避けて通れない「食」に航空機内で出される「機内食」がある。肉か魚か程度は選択することができるが、あらかじめ用意されている、しかも、地上で調理済みの料理を食べるのだから「グルメ」とは程遠い、空腹を満たすためのものと考えてもいい。

「あの機内食を食べたいから旅にでたの」という話は聞いたことはないが、「機内食がいいからシンガポール航空にした」とか、「ヨーロッパに行くときは機内食の選べるヴァージン アトランティック航空にする」というふうに、複数の航空会社が飛んでいる地域への旅行で航空会社が選べるとき、それなりに気にする旅慣れた旅行者は案外多い。また、パッケージツアーを選ぶときの大きなポイントとなることもある。

競争の激しい航空業界において、機内のサービス向上は各航空会社共通の課題だ。その中でも、機内食の占めるウエイトは大きい、各社アイデアあふれるバラエティ豊かな機内食を用意し始めている。事実、10数年前と比較するとどの航空会社の機内食も工夫のあとが見られるし、断然美味しくなっている。

本調査では「機内食が美味しいと思った海外旅行利用航空会社」を自由回答で答えてもらった。機内食と言ってもエコノミークラス、ビジネスクラス、ファーストクラスによって雲泥の差がある

「機内食」が美味しいと思った海外旅行利用航空会社

	航空会社	件数		航空会社	件数
1	日本航空	262	6	ルフトハンザ航空	26
2	全日空	131	7	アリタリア航空	25
3	シンガポール航空	103	8	キャセイパシフィック航空	21
4	大韓航空	42	9	ノースウエスト航空	16
5	エールフランス	37	10	KLMオランダ航空	14

※旅の販促研究所調査（n=2200）複数回答

し、路線によっても大きく異なる。また、かなりの頻度で海外旅行をしていなければ比較することが難しいと思われるが、そのあたりを考慮に入れずに集計したのが表のベスト10だ。

利用経験の多い航空会社が上位となる結果になった。1位は「日本航空（JAL）」が圧倒している。利用経験率が高いことが大きな理由となろうが、確かに、日本人旅行者を大切にしたメニュー作りをしていることが支持を得たのだろう。特に、帰路、お蕎麦や寿司、和菓子などがついているとほっとしてしまう。2位は「全日空（ANA）」で、日本人には日本の航空会社のサービスがうれしい。同社は特に機内食には以前より定評がある。3位は「シンガポール航空」、機内サービスや機内食のランキング上位の常連である。同社は、世界的に著名なシェフやワイン・コンサルタントと共に機内食のメニュー開発を行うなど、機内食に力を注いでいる。4位以下も日本発着便を多くもつ有力航空会社が並んだ。狭い機内の楽しみ、もっともっと美味しい機内食を期待したい。

写真上：日本航空ビジネスクラス機内食（イメージ）　日本航空提供
写真下：シンガポール航空機内食　トラベルライフ誌提供

第7章

海外食旅都市の分類

1 海外食旅都市7つの分類

前章で検証した海外食旅の「実態」と「意向」をもとに、その都市で提示した食事を食べたとする「経験度」、今後その都市で提示した食事をしたい程度としての「関与度」、過去経験者におけるその食事の1人当りの食事代「食事費用」の3つのファクターを元に都市をグルーピングして、各都市グループの代表的な都市を例にその特徴を考察してみたい。

海外食旅マトリックス（図表①）を見て欲しい。縦軸を「関与度スコア」（食事を目的として行きたい強さ）、横軸を「食事費用」（旅で食事に使った1人当りの食事代）、そして丸の大きさを「経験度」（食べたことがあるか）としている。そのようにして44都市をマッピングしていくと次のような7つの都市群に分けられる。

A・大グルメ都市（ソウル、香港、ナポリ）
B・美食都市（北京、上海、広州）
C・カジュアルグルメ都市（ミラノ、台北、ローマ、マドリッド、フランクフルト、釜山、成都）
D・高級美食都市（パリ、ボルドー）
E・食べ歩き都市（ホノルル、ロスアンゼルス、サンフランシスコ、シドニー、バンクーバー、

図表①海外食旅マトリックス
関与度スコア
A 大グルメ都市
ソウル
ナポリ
香港
B 美食都市
上海
北京
広州
C カジュアルグルメ都市
ミラノ
釜山
ローマ
マドリッド
台北
フランクフルト
成都
D 高級美食都市
パリ
ボルドー
E 食べ歩き都市
ジュネーブ
サンフランシスコ
マルセイユ
シドニー
バンクーバー
モスクワ
ロスアンゼルス
ホノルル
F ちょっと食べ歩き都市
バンコク
ホーチミン
ニューデリー
メキシコシティ·カンクン
イスタンブール
ブリュッセル
バリ
G これから食べ歩き都市
モンサンミッシェル
リスボン
ニューヨーク
リオデジャネイロ
ブダペスト
チュニス
アテネ
クアラルンプール
カイロ
ロンドン
ストックホルム
グアム
ニューオリンズ
クライストチャーチ
経験度：（サイズが大きいほど高い）
20%以上
10%台
10%未満
3.5
3.0
2.5
2.0
1.5
1.0
1,000
2,000
3,000
4,000
5,000
6,000円
食事費用

マルセイユ等）
F・ちょっと食べ歩き都市（バンコク、バリ、イスタンブール、ニューデリー、ホーチミン等）
G・これから食べ歩き都市（ニューヨーク、ロンドン、モンサンミッシェル等）

これらの都市グループの特徴は次のとおりである。

Aグループ「大グルメ都市」

このグループは日本人が国内で日頃から気軽に食べている、焼肉と飲茶、パスタの本場であるソウル、香港、ナポリとなった。

このグループの最大の特徴は、「食」の「関与度」の高さで、他の都市を圧倒している。提示された食事をする目的で、それぞれの土地に行ってみたいとしている人がもっとも多いグループである。ソウル、香港については「経験度」も非常に高く、経験はあってもまた食べに行きたいと思う人が多いということは、食の満足度の高さを物語っている。

また、3都市とも、訪問者の9割以上が提示した食事を食べた経験があり、一人当たり2500円から3500円程度と極めてリーズナブルな価格帯であることも人気が集中する要因となっていると思われる。パスタの本場ナポリが、遠距離にもかかわらずこのグループに入ったことは注目される。

Bグループ「美食都市」

このグループは北京、上海、広州と中国の「食」を代表する大都市だけのグループとなった。

宮廷料理の流れをくむ北京ダックに代表される北京料理、上海ガニに代表される上海料理、食材の豊富さを誇る広東料理、本格的な料理を楽しむには現地でも決してリーズナブルなものではない。実際に一人当たりの平均金額は北京、上海が４５００〜４６００円程度、広州も４２００円程度と高めである。

このグループは「経験度」は中程度となっているが、「関与度」はAグループ「大グルメ都市」に次いで高く、提示した食事をすることを目的として、その都市に行ってみたいとする人が多い都市である。そして、同じ高級料理でも食の都パリを「関与度」で大きく上回っているのは、やはり心理的な身近さからだろう。

Cグループ「カジュアルグルメ都市」

食事を主要な目的としてその都市に行ってみたいとする関与度ではBグループと並んでいるが、よりリーズナブルな料金で楽しむことができるグループとしてのCグループには、台北、ローマ、ミラノ、マドリッド等の都市が位置づけられた。

AグループからCグループまでは、日本で日常的に親しまれている料理の本場、中国、韓国、イタリアの主要都市が中心となっている。「食旅」都市としてソウルには及ばない釜山、香港には及ばない台北、四大中華料理の一角にあるが他の３大都市に及ばない四川料理の成都、ナポリに次ぐローマ、ミラノが並んだ。このグループにはヨーロッパのイタリア、フランスに並ぶグルメの国スペイン、ドイツの代表都市マドリッド、フランクフルトが含まれているのも注目される。

Dグループ「高級美食都市」

グループDはパリとボルドーのみのグループ。パリは食事費用が最も高額であり、関与度では中間よりやや上位に位置している。日常的に親しまれている中華料理やイタリア料理と比べ、価格もさることながら格式も高そうなフランス料理。パリでしかもミシュランの星付シェフのレストランを利用するの、はやはり京都の懐石料理と同様に敷居の高さを感じてしまう人が多いのだろうか。イタリア料理、中華料理とは別ポジションとなった。ボルドーはポジション的にはEグループに近いが、ワイン抜きには語れないフランス料理との関連で同一グループとして考察した。

Eグループ「食べ歩き都市」

食事を主要な目的としてその都市に行ってみたいとする関与度では中間よりもやや下回るが、ロスアンゼルス、サンフランシスコ、シドニー、バンクーバー等、旅行経験者が多い分食経験者も比較的多く、一人当たりの食事代の平均が4千円前後とやや高めのグループ。

グルメ・美食都市と比べ特徴のある食文化を持つ国としてのイメージは希薄で、旅行中の食事に対する期待はさほど高くはないが、ロスアンゼルスでは特大サイズのステーキとカリフォルニアワイン、シドニーではシーフードとオーストラリアワインが旅行者を楽しませている。ホノルル、モスクワ、ジュネーブなどの都市もこのグループに入っている。

Fグループ「ちょっと食べ歩き都市」

タイプは異なるがブイヤベースで有名なマルセイユもこのグループに位置づけられた。

食事を主要な目的としてその都市に行ってみたいとする関与度ではEの「食べ歩き都市」と同レベルであり、１人当たりの食事代が２千円〜３千円とリーズナブルに食事を楽しめる都市。バンコクのトムヤムクンに代表されるタイ料理、バリのパダン料理、イスタンブールのトルコ料理はいずれも伝統のある料理であり、中でもオスマントルコの流れをくむトルコ料理はフランス料理、中華料理と並び世界３大料理のひとつとされている。

マップ上には表現できなかったが、関与度で同レベルのEグループでは新しい食を追及している都市が多いのに対し、Fグループの諸都市は伝統のある食文化を持つという点で異なっている。ニューデリー、ホーチミン、メキシコシティ・カンクン、ブリュッセルなど歴史ある伝統料理のある都市が並んだ。

Gグループ「これから食べ歩き都市」

このグループは、食事を主要な目的としてその都市に行ってみたいとする関与度が最も低い都市グループ。ビジネス、文化等の中心都市として世界の人々が集まるニューヨークとロンドン、リゾート地グアムなどが入った。カイロ、アテネ、リスボン、ストックホルム、リオデジャネイロ、クアラルンプールなどの都市も、食文化のイメージが薄くこのグループに入った。チェニス、ニューオリンズ、ブダペスト、クライストチャーチは都市そのものの認知度が低いと考えられる。

世界遺産としてその景観の美しさを誇るモンサンミッシェルは、「食」についても注目されているがこれからと言うところだろう。

2 Aグループ「大グルメ都市」

――日本人の大好物、焼肉・飲茶・パスタの都市――

Aグループは、ほとんどの日本人が大好きで、国内でも日頃から気軽に食べている焼肉と飲茶、パスタの本場であるソウル、香港、ナポリとなった。

大満足の「安・近・短」食旅都市――ソウル――

Aグループを代表する都市は、まずソウルだろう。日本にもっとも近い海外都市であり、日本人がもっとも多く訪ねる都市でもある。観光目的もビジネス目的も共に多い。この十数年続く「安・近・短」海外旅行の代表都市であり、多くの魅力的な要素がある都市といっていいだろう。「韓流ブーム」などの影響もあり、最近は世代を問わず、とくに女性に人気のデスティネーションに変貌している。一過性のブームではなく、気軽に、安価に、しかも短い時間で行けること、美味しい食事や世界遺産などの歴史文化施設見学、注目のエステなどの要素があり老若男女にすっかり定着した。

ソウルは「焼肉」・「韓定食」を提示して食経験を確認したが、ソウル旅行経験者の94・5％（全体の33・0％）が食べた経験があるとしており、今後については、全体の11・5％が「食事を第一の目的として」、23・8%が「食事を主要な目的として」訪れたいとしている。ソウル旅行における「食」の関与度の大きさが、この調査ではっきりと確認できた。

それほどまでに日本人旅行者を惹きつけるソウルの「食」の魅力は何なのだろう。この調査では「焼肉」と「韓定食」を提示したが、コメントを見るとほとんどの人が「焼肉」に反応している。日本においてもすっかり定着した「韓国式焼肉」の〝本場〟というとらえ方をしているようである。肉自体が旨く、ボリュームがあり、種類も多く、タレもよい。キムチなどの副菜も豊富で、食後の満腹感と共に満足感が大きい。しかも、日本に比べてはるかに安い。

韓国式の焼肉には大別して、「牛カルビ」と「豚カルビ」がある。韓国内ではテジカルビ（豚）も、安価でよく食べられているようであるが、日本人の多くは牛カルビを求めている。漬けダレに漬けて味付けされた「ヤンニョムカルビ」と漬けていない「セン（生）カルビ」との2種類がある。日本との違いは、自分では焼かず店員が焼き、頃合を見計らって「トング」でカルビを挟み、「羅紗鋏」で切り分けてくれる。こんなところにも、本場で食べることの楽しみがあるのかもしれない。

ピザ　トラベルライフ誌提供

ソウル焼肉　トラベルライフ誌提供

また、テレビドラマ「宮廷女官チャングムの誓い」のヒットにより、韓国の宮廷料理、伝統的韓国料理も注目され、美容と健康を謳った「韓定食」が多くのツアー企画に盛り込まれている。焼肉だけではない、韓国の食の楽しみはまだまだ広がっている。

「安・近・短」で洗練された中華料理を味わう――香港――

香港は日本人にとって、昔からの大観光都市と言っていいだろう。今でも多くの旅行者が訪れる都市だ。以前はショッピングを目的とした旅行者が多かったが、近年は「安・近・短」海外旅行都市として気軽に、多くの人は洗練された中華料理を求めて訪れているようだ。調査では「飲茶」を提示して確認したが、香港旅行経験者の90・4％（全体の32・2％）が食べている。

飲茶〈ヤムチャ〉とは、広東語で「蒸篭に入った様々な点心をつまみながら、中国茶を愉しむこと」を意味し、1930年代頃から広東省辺りで普及した食習慣といわれている。点心は主に、焼売、餃子、包子、餅、麺、飯などの甘くない軽食類の「鹹点心＝塩辛い点心」と団子、菓子、杏仁豆腐やプリンなどの甘い軽食類の「甜点心＝甘い点心」との二つに分かれている。いずれも、日本人の好みの料理で値段は驚くほど安い。香港は他にも広東料理を中心に福建料理、上海料理、四川料理など中国料理のすべてが洗練されたかたちで楽しめる。まさに、日本人のための大グルメ都市として高く評価されたのだろう。

絶対食べたい本場のピッツァ・パスタ――ナポリ――

前述の2大グルメ都市とほぼ同じ食の「関与度」を示したのがイタリアのナポリである。当然ながら「経験度」は2都市に比べると低いものの、提示した「ピッツア・パスタ」については、ナポリ旅行経験者の91・4％（全体の14・5％）が食べている。今後については、8・2％が「食事を第一の目的として」、25・9％が「食事を主要な目的として」訪れたいとしており、同じイタリアのローマ、ミラノを押さえてこのグループにランクされた。

ピッツア、パスタともに日本人の大好物であり、ナポリはその〝本場〟であることは広く知られている。実際、石釜で焼くナポリ風ピッツァや魚介をふんだんに使ったパスタなど、港町ならではの料理が有名で、ミラノやローマ以上に日本人好みの料理が多い都市といえる。日本でも日常的に食べられているが、遠くてお金がかかっても本場で食べてみたい食事のナンバー1というところかもしれない。「食旅」にとっては注目すべき都市といえよう。

調査対象者のコメント

「ソウルの焼肉は何度行っても、もう一度食べに行きたくなる」（ソウル・男性36歳）
「韓定食。とにかく量が多くてびっくり」（ソウル・女性28歳）
「3日間飲茶三昧をしてきました」（香港・女性27歳）
「香港の中華料理はどこに行っても美味しかった」（香港・女性50歳）
「新婚旅行で行ったナポリで食べたピッツァの味が忘れられない」（ナポリ・男性32歳）
「ナポリのどの店でもパスタの安さと量の多さが印象的だった」（ナポリ・女性54歳）

3 Bグループ「美食都市」

――身近に美食を満喫できる伝統中国料理の3都市――

Bグループは中国の北京、上海、広州の大都市のみのグループとなった。中国政府は2003年に「中華料理王国の旅」と称した観光キャンペーンを行い、「食」を中国観光の重要な資源と位置づけての観光施策を展開したが、このような背景もあり中国での食の楽しみの領域はますます広がっている。

中国全土の食を本格的に味わえる都市――北京――

2008年のオリンピック開催を目前に、その発展をさらに加速させている北京。今回の調査で提示した「北京料理・北京ダック」については、北京旅行経験者の90・3％（全体の16・5％）が食べたことがあるとしており、今後については7・5％が「食事を第一の目的として」、22・0％が「食事を主要な目的として」北京を訪れたいとしている。世界に店舗を展開する「全聚徳」での北京ダックは、各社のツアーに組み込まれている。より高級さを志向するなら、国賓を迎える「釣魚台国賓館」での食事も可能だ。一方、〝北京の旅行では毎晩各地方の料理を堪能した〟という調査対象者のコメントのように、北京は「北京料理」のみではなく、北京に集まる諸地方の中華料理が楽しめる都市でもある。〝ツアーで連れて行かれる料理屋さんはそれほど美味しくないが、街中の麻婆豆腐は美味しかった〟といったように美味しい中華料理を求めて地元の人々が利用するお店にトライする人も見られた。いずれにしても、「食」が北京の主要な観光資源、旅の楽しみのひとつとなっていることが確認できる。

確立されたブランド「上海ガニ」・親しみのある「小籠包」――上海――

上海も北京と同様、中国経済の中心都市として中国全土の中華料理を楽しめる都市である。今回の調査で提示した「上海料理・上海ガニ」については、上海旅行者の81・4％（全体の16・3％）が食べた経験があるとしており、今後については8・1％が「食事を第一の目的として」、21・7％が「食事を主要な目的として」訪れたいとしている。

上海の「食」といえば「上海ガニ」。〝上海ガニのシーズンにあわせて渡航。陽澄湖へ出向いて食べた〟と上海ガニを食べることを第一の目的に上海を訪れる人がいるほど、確立されたブランドとなっており、上海について印象に残っている

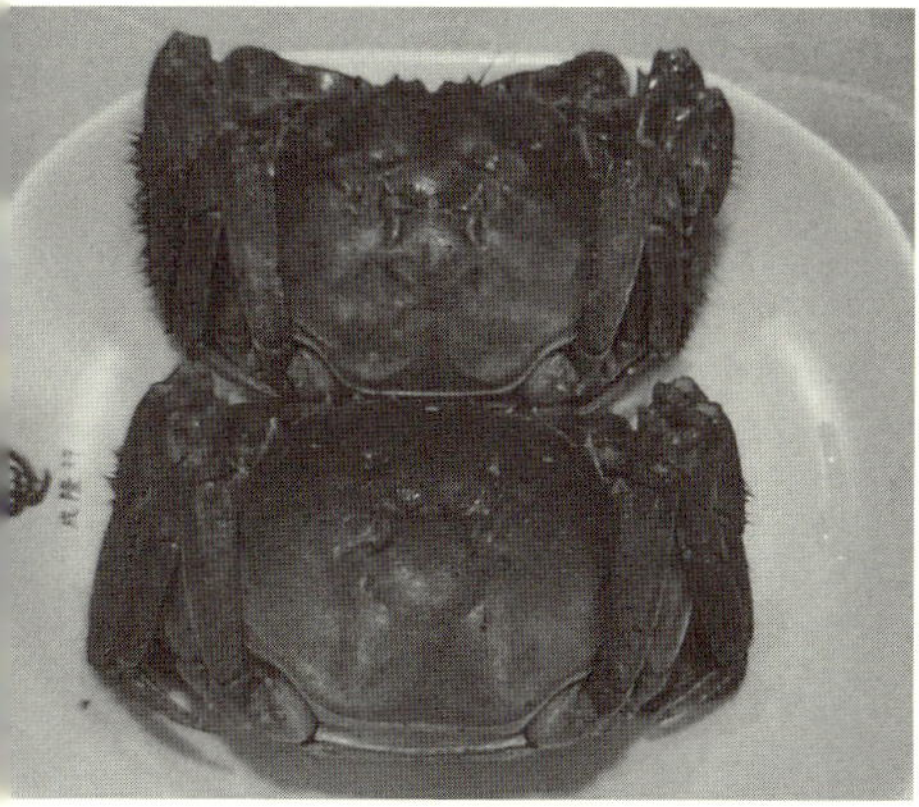

上海ガニ　旅の販促研究所撮影

北京ダック　トラベルライフ誌提供

食事についてのコメントでも、やはり「上海ガニ」に関するコメントが最も多く、上海旅行の楽しみの重要な要素になっていることは確かである。海外旅行市場において「食材」がこれほどのブランドとなっているケースは少ないであろう。

また、上海といえば「小籠包」に代表される点心も楽しみのひとつ。しかし、北京と同様に、中国経済の中心である上海での「食」の楽しみは、大都市で洗練された中国四大料理の全てを満喫できることだろう。

〝食は広州に在り〟広東料理の中心都市――広州――

北京、上海と並んで、観光・ビジネス目的での渡航者が多い広州。広州旅行経験者の89・4％（全体の6・5％）が「広東料理」を楽しんでいる。今後については、5・7％が「食事を第一の目的として」、19・4％が「食事を主要な目的として」訪れたいとしており、食が広州旅行の重要な要素になっていることが確認できる。

広東料理はフカヒレやツバメの巣等の高級食材を使った料理が有名であり、豊かな食材を背景に手の込んだ調理法の本格的中華料理が多い。また、飲茶も広州で始められたものといわれているが、海外旅行で印象に残っている食事についてのコメントとして広州についてはあまりあげられていないのは残念だ。むしろ広東料理、飲茶などの食経験は香港や上海旅行者に多く見られる。

広州に限らず、対象者のコメントから、中国四大料理としての「北京料理」、「広東料理」、「上海料理」、「四川料理」等の表現はあまり見られなかったが、このグループの都市はいずれも全ての中華料理が楽しめる大都市であり、カテゴリー分け自体があまり意味のないことかもしれない。

調査対象者のコメント

「北京ダックの安さに感激」（北京・男性59歳）
「北京ダックが最高に美味しかったです」（北京・女性35歳）
「北京ではお酒が興味深かった。北京ダックは脂っこかった」（北京・女性20歳）
「地元の人が行くお店に入ったら心配だったが、旅行の中で一番美味しかった」（北京・女性30歳）
「ちょうど上海ガニの季節に行きました。思っていたより小さかったが美味しかった」（上海・男性66歳）
「小籠包を食べて、あまりに熱くてやけどしたけど、すごく美味しかった」（上海・女性24歳）
「上海ガニにちゃんとシリアルナンバーが入っていた。本物らしい」（上海・男性38歳）
「お皿に山と積まれた上海ガニをお腹いっぱい食べた。豪快でとても美味しかった」（上海・女性41歳）
「上海の街角で食べた朝飯はふたりで50円だったが大満足」（上海・男性53歳）
「安く、量も多く、そして見事なほど美味しい料理の数々」（上海・女性65歳）
「本場の広東料理は美味でした」（広州・男性58歳）
「広州の屋台で食べたさそり」（広州・女性41歳）
「食事と紹興酒がとても美味しかった」（広州・男性61歳）

4 Cグループ「カジュアルグルメ都市」
――日本人好みの味がたっぷり楽しめる都市――

Cグループは日本で日常的に親しまれている料理の本場、中国、韓国、イタリアの主要都市が中心となっている。釜山、台北、成都、ローマ、ミラノが並んだ。このグループにはヨーロッパのイタリア、フランスに並ぶグルメの国スペイン、ドイツの代表都市マドリッド、フランクフルトが入った。

屋台体験は旅の思い出に――台北――

中国各地の本格的な中華料理が味わえることはもちろん、市内各所にある夜市（ナイトマーケット）の屋台で楽しむ「小吃《シャオチー》」など、台湾と中国各地の食文化が融合した豊かな「食」が旅行者を楽しませてくれる台北。政府もインバウンド施策の要として「食」を前面に打ち出してアピールしている。

今回の調査で提示した「台湾料理・屋台料理」については、台北旅行経験者の89・0％（全体の22・0％）が食べた経験があるとしており、今後については7・0％が「食事を第一の目的として」、19・4％が「食事を主要な目的として」訪れたいとしている。

特に、「屋台料理」は台北の重要な観光資源になっているといえる。台北で印象に残っている食事についてのコメントを見ると、夜市の屋台での体験に関するコメントが多く見られ、好奇心から地元の人々が並ぶ屋台で現地の食事にトライした経験は、旅の楽しい思い出となっているようだ。その他、中国茶や台湾スイーツ等、グルメの話題には事欠かない。

肩を張らずに気軽に、そしてパワフルに中華料理を楽しめるグルメ都市として今後も訪問者を楽しませてくれるだろう。

イタリア料理のバリエーションを楽しむ
――ローマ・ミラノ――

プレ調査の回答をもとにローマについては「イタリア料理・チーズ」、ミラノについては「イタリア料理・ジェラート」を提示して、経験率と今後の意向を確認した。ローマは旅行経験者の85・1％（全体の27・2％）、ミラノは87・6％（全体の20・9％）が食べたことがあるとしており、今後の意向についてはローマ・ミラノともほぼ同様で、「食事を第一の目的として」＋「食事を主要な目的として」訪れたいとする人がいずれも3割弱となっている。

パエリア　トラベルライフ誌提供

パスタ　トラベルライフ誌提供

酪農や稲作がさかんな北イタリアに位置するミラノは、ミラノ風カツレツ、サフランを使ったリゾット、オッソブーコ（骨髄入り子牛の脛肉の煮込み料理）等が有名だ。ローマはカルボナーラを代表とする力強いパスタや、トリッパなどの内臓の煮込み等が有名な他、薄い生地でカリッと焼き上げたローマ風ピッツァのファンも多い。また、〝本場のジェラートを食べるためにローマに行った〟（女性24歳）という調査対象者も見られた。

今回の調査で大グルメ都市に位置づけられたナポリを関与度ではやや下回るものの、これらの都市においても「食」は日本の旅行者を惹きつける大きな魅力となっている。

大きなポテンシャルを秘めた食旅都市――マドリッド――

マドリッドは全体の旅行経験者の91・5％（全体の12・7％）が提示した「スペイン料理・パエリア」を現地で食べたとしている。今後については全体の4・8％が「食事を第一の目的として」、22・4％が「食事を主要な目的として」訪れたいとしており、今回の調査で提示したヨーロッパの都市の中ではナポリ、ミラノに次いで高い位置にランクされた。

スペインはカタルーニア、バレンシア、アンダルシア、バスク等の各地方で独自の食文化を持っているため、決して「スペイン料理」と一括りにできるものではないが、マドリッドは各地方の人々が集まる首都として、スペイン各地の料理が楽しめる都市だ。

マドリッド独自の代表的な料理としては、「コシード・マドリレーニョ」（各種野菜、ヒヨコ豆、鶏肉、牛肉、豚肉を煮込んだシチュー）、「ソパ・デ・アホ」（にんにくスープ）等が有名。レストランは観光局により5つのフォークでランク付けされている。4～5本は本格的なディナーを楽しむ高級レストラン。また市内のいたるところにあるバルでタパス（小皿料理）をつまみにワインを楽しむのも楽しい。

日本国内での「食」のプロモーションが少ないためか、まだイタリア料理ほどなじみがないが、スペインの食文化の深さはフランス、イタリアに劣ることはない。今後、「食旅」の大きなデスティネーションとなりうる都市であると思われる。

調査対象者のコメント

「屋台（現地の人ばかりのわけのわからない場所にあった）で食べた汁ビーフン。野菜たっぷりと肉が少しだけのものなのに、スープがとても美味しかった」（台北・女性28歳）
「朝粥、台湾家庭料理等、現地の人達の行く店で食べたこと。みんな、にぎやかにエネルギッシュで食事を楽しんでいる様子だった」（台北・女性55歳）
「ミラノで食べたリゾットが今まで食べた中で一番美味しかった」（ミラノ・女性32歳）
「地元の人が行くレストランで食べたパスタは本当に美味しかった」（ローマ・女性28歳）
「バルのビールに付く、ちっぽけなハムの切れ端が美味しく、何日も通った」（マドリッド・男性61歳）
「屋台のソーセージが美味しかった」（フランクフルト・男性28歳）
「穴子の刺身がとても美味しかった」（釜山・男性36歳）
「成都で食べた火鍋が美味しかった。具材が謎」（成都・男性41歳）

5 Dグループ「高級美食都市」
——世界の美食都市と本場ワインの街——

グループDはパリとボルドーのみのグループ。パリは食事費用が最も高額な都市。価格もさることながら格式も高そうなフランス料理。別格のグループとなった。ボルドーはポジション的にはEグループに近いが、ワイン抜きには語れないフランス料理との関連で同一グループに含めた。

名実ともに世界の美食都市——パリ——

パリで「フランス料理」を食べたことのある人は全体の28・2％で、今回提示した都市の中では4位となっているが、パリの旅行経験者の内、「フランス料理」を食べたと回答した人は77・0％程度と、A〜Cの上位グループの諸都市と比べやや低めの結果となっている。文化、ファッションの世界的中心都市として、旅行の目的も様々になるため「食」のポジションも相対的に低くなるのであろう。しかし、今後については、4・5％が「食事を第一の目的として」、18・0％が「食事を主要な目的として」訪れたいとしており、関与度は比較的高いものとなっている。やはり世界の美食都市。フランス料理がパリ旅行の大きな魅力となっていることが確認できた。

本格的なフランス料理というとミシュランの3つ星シェフのレストランが頭に浮かぶ。3つ星に限らずそこそこのレストランは、料理の技はもちろんサービスのクオリティの高さも含め感動を与えてくれる空間だ。しかし、３つ星でなくてもそれなりのレストランに実際に旅行中に行こうと思うと、食事やワインについてある程度の知識が必要だし、事前に予約をして、ドレスコードがあってと、それなりの労力を要するだろう。〝メニューなどが分かりにくく注文に苦労した〟というコメントのように、しっかり楽しもうとすると言葉の壁も大きいかもしれない。食事を第一の目的として訪れる場合以外、数日の滞在の間に何気なく楽しめるものではないかもしれない。

しかし、高級レストランで料理の技を味わう以外にも、フランス各地の個性的な郷土料理を味わうのも楽しいだろう。レストランよりもやや気軽でリーズナブルにフランス料理を楽しめるビストロや、大衆的で賑やかな雰囲気のブラッスリー等で、フランス各地の料理を楽しむのもいい。気軽に立ち寄ることのできるカフェでの食事でもパリ気分を満喫することができる。

また、レストランやビストロ、カフェの横では生牡蠣や新鮮な貝類が売られている。お店で生牡蠣を注文するとギャル

パリの生牡蠣　旅の販促研究所撮影

フランス料理　トラベルライフ誌提供

ソンはこの業者のところに行き、氷を敷き詰めた大きな皿の上に盛り付けられた生牡蠣を運んでくれる。〟パリで店頭に積み上げてある生牡蠣を食べたとき、こんなに美味しいものとは思わなかった〟(男性57歳)といったように、味は絶品である。

やはり、多くの日本人にとってパリは憧れのデスティネーションであり、パリに訪れたからには本格的な「フランス料理」を食べてみたいと思っている。歴史、美術、町並み、ファッション、ショッピングなど、その他の観光資源も群を抜きレベルの高いパリにおいての「食旅」は、独自のスタイルとなり成長していくだろう。

元祖ワインツアー都市――ボルドー――

フランスワインといえばボルドーだ。今回の調査対象者では2・2％がボルドー旅行の経験があるとしており、1・9％がワインを楽しんでいる。ボルドーのシャトーを訪れ、ブドウの栽培やワイン造りを見学し、試飲もできるワインツアーやワインの楽しみ方を学ぶワイン講座などのツアーが企画されている。毎年9月に開催される「ワインシャトーマラソン」等、ワイン好きなら一度は訪れてみたいところだろう。また、街のレストランでは、ボルドーの郷土料理を味わうことができる。

今後については、4・9％が「食事を第一の目的として」、16・2％が「食事を主要な目的として」訪れたいとしており、関与度はパリと同レベル。ボルドーに限らずブルゴーニュ等も含め、フランス旅行でのワイン産地の魅力は今後も続いていくだろう。

調査対象者のコメント

「3つ星のトゥールダルジャンに行った時、オーナーが席に来て挨拶してくれて嬉しかった。メニュー選びもワイン選びも係の人が丁寧で親切で感じよくてさすがと思った」（パリ・女性59歳）
「ボージュ広場のレストランで言葉もわからずに高いワインと料理を注文してしまった。いまだかつてないほど美味しかったが、持ち合わせの現金では払えぬほど高かった」（パリ・女性60歳）
「パリでは食事のメニューなどがわかりにくく、注文に苦労した」（パリ・男性29歳）
「フォアグラの舌どけが忘れられない」（パリ・女性29歳）
「パリで食べた焼きたてのクロワッサンとバゲットにカフェオレが美味しかった」（パリ・女性51歳）
「フランス料理。とにかく高かったのを覚えています。ワイン、チップを入れてふたりで70000円位払いました」（パリ・女性33歳）
「パリでエスカルゴ料理を初めて食べたが、とても美味しく思った」（パリ・女性59歳）
「セーヌ川のディナークルーズ。料理も音楽も雰囲気も最高でした」（パリ・女性50歳）
「ボルドーへのワインツアーに参加した。かなりフランスワイン通になった」（ボルドー・男性53歳）

6 Eグループ「食べ歩き都市」

――新たな食文化の創造に臨む大都市――

食文化を持つ国・都市としてのイメージは希薄で、旅行中の食事に対する期待はさほど高くはないが、新しい食文化ができつつある世界の大都市が並んだ。ロスアンゼルス、サンフランシスコ、シドニー、バンクーバー、ホノルル、モスクワ、ジュネーブで、ブイヤベース発祥の地マルセイユもこのグループに入った。

高評価のカリフォルニアワインとフュージョン料理――ロスアンゼルス――

今回の調査でロスアンゼルスについては「ステーキ・カリフォルニアワイン」のペアで確認した。対象者全体の21・3％と5人に1人が食べた経験があるとしているが、ロスアンゼルス旅行経験者で提示した料理を食べたとする人は63・8％程度とやや低めの結果であった。また、今後の意向についても「食事を第一の目的として行きたい」と「食事を主要な目的として行きたい」を合わせて11・4％程度となっている。

事前調査ではロスアンゼルスのステーキについてのコメントが多くあげられており、ボリュームのあるステーキがロスアンゼルス旅行の大きな思い出となっている人は多かったが、多くの人にとって今後の「食旅」の意向に結びつくものではないようだ。ロスアンゼルスは中南米やアジア等のエスニック料理が楽しめる他、各国料理がミックスされ、健康を意識した軽い味付けで野菜を多く使うなどの特徴を持つ新しい食の潮流（フュージョン・キュイジーヌ）が始まっている。新鮮なシーフードも注目されており、それを使った寿司も最近高く評価されている。

また、カリフォルニアワインについても、サンフランシスコ旅行者のコメントも含め、全体的に評価は高く、ワイナリーツアーの参加者も見られる。新しい食の潮流とカリフォルニアワインが楽しめる都市、ロスアンゼルスは「食旅」の大きなポテンシャルを秘めた都市といえるのではないか。

シーフードで注目「食旅」都市――シドニー――

オーストラリアでは国をあげてのインバウンド政策として、ロブスター、オイスター等のシーフード料理やエスニック料理、オーストラリアワイン等の食文化を前面に打ち出してのアピールが行われている。その中心都市であるシドニーについては「シーフード料理・オージービーフ」を提示して確認

シドニーのロブスター料理　旅の販促研究所撮影

したが、シドニー旅行者の88・6％（全体の19・1％）が経験を持ち、今後については「食事を第一の目的として行きたい」と「食事を主要な目的として行きたい」を合わせ13・0％が意向を示している。

シドニーでは新鮮なシーフードが楽しめる他、移民の国としてロスアンゼルスと同様にアジア系の料理をはじめ世界各国の料理が楽しめるのも楽しみのひとつだ。近年では「ニュー・オーストラリアン・キュイジーヌ」として、カリスマシェフ達による斬新な料理も世界的に評価されているようである。

また、オーストラリアワインも非常にクオリティの高いものがつくられており、ワイナリー見学ツアー等も積極的にプロモートされている。

前述の通り現状での「食旅」意向はまだまだ高いものとはいえないが、これからの動向が非常に楽しみな都市である。

南仏プロバンスのグルメな港町――マルセイユ――

マルセイユについては代表料理の「ブイヤベース」で確認したが、旅行経験者が少なかったため食経験者は2・6％程度と少ないものの、今後については「食事を第一の目的として行きたい」と「食事を主要な目的として行きたい」を合わせ14・7％と比較的多くが意向を示している。

プロバンス地方の料理は一時期日本でもブームになったが、一般に知られるフランス料理とは異なり、バター等を多量に使わず、オリーブオイル、にんにく、ハーブ、土地の野菜や魚介を使った料理が多い。フランス料理がシェフ達の技によって発展してきたものといえるのに対し、プロバンス料理はその地方の人々が育んできた素朴な料理であり、料理の内容的にも日本人に馴染みやすいのではないだろうか。旅行経験者はまだ少ないが、「食」が観光資源として寄与する可能性を秘めた都市といえそうだ。

調査対象者のコメント

「ロスアンゼルスでの食事では、添えの野菜やチップスが多かった。米もついていた」（ロスアンゼルス・女性36歳）
「カリフォルニアワインはさっぱりしていて、口当たりがよく、飲みやすかった」（ロスアンゼルス・男性44歳）
「ロブスターの刺身を食べた。とても美味しかった」（シドニー・女性41歳）
「海沿いのレストランでシェルを頼んだ時、ウエイトレスの対応が良かったのと美味しかったことが印象に残った」（シドニー・女性50歳）53歳）
「ムール貝のバゲットは味・量とも満足であった」（マルセイユ・男性51歳）
「マルセイユに行くまでは冬の日本国内でなにがなんでもブイヤベースを一滴も口にすることなく過ごし、マルセイユに1週間滞在して毎晩違うお店のブイヤベースを堪能した」（マルセイユ・男性56歳）
「地元の新鮮な海産物に感激」（バンクーバー・女性50歳）
「マジックショーやフラダンスを鑑賞しながらの食事」（ホノルル・男性43歳）

7 Fグループ「ちょっと食べ歩き都市」

――独自の伝統料理のある都市――

Fグループの都市は、食事費用はリーズナブルだが、伝統のある食文化、名物が楽しめる都市が多く見られる。バンコクのトムヤムクンに代表されるタイ料理、バリのパダン料理、イスタンブールのトルコ料理、ニューデリーのインド料理といずれも伝統のある料理だ。ホーチミン、メキシコシティ・カンクン、ブリュッセルの各都市も並んだ。

クオリティの高い料理をリーズナブルに味わえる都市――バンコク――

バンコクで「タイ料理・トムヤムクン」を食べた経験のある人は、バンコク旅行経験者の89・6％（全体の23・9％）と、今回提示した都市の中では6位と上位にランクされた。今後については4・3％が「食事を第一の目的として」、13・7％が「食事を主要な目的として」訪れたいとしており、関与度の高さではパリ、ボルドーに次いでいる。

タイ料理のレストランは日本でも増えており、刺激的な辛さ、酸味、コリアンダーやナンプラーの香りなどに抵抗のある人も多いものの、トムヤムクンやタイ風カレー等は多くの日本人に親しまれている。バンコクでの「食」の印象として屋台料理の美味しさをあげている人が複数見られたが、タイでは定食屋や屋台が非常に発達しており、〝ご飯食べました か？〟が日常の挨拶になるほど「食」にうるさい人が多いことから、こうした一般の店の味のレベルも全体的に高いようである。また、バンコクの中華料理屋でフカヒレや北京ダック等、中華の高級料理をリーズナブルな金額で食べたというコメントも多く見られた。

世界的リゾート地の伝統料理——バリ——

バリで提示した「パダン料理・ナシゴレン」を食べたことのある人はバリ旅行経験者の79・1％（全体の11・0％）、今後については、「食事を第一の目的として行きたい」＋「食事を主要な目的として行きたい」をあわせ11・2％が意向を示している。

バリの食事の印象についてのコメントを見ると、〝ナシゴレン・ミーゴレンが安くて美味しかった〟といったように、インドネシアの国民的な料理・食スタイルとしてのパダン料理、インドネシア料理については概して評価は高かった。値段が安く、香辛料が多く使われ辛いイメージの東南アジア料理の中では、ややマイルドな料理が多く日本人の嗜好に合う

トルコ料理　トラベルライフ誌提供

トムヤムクン　トラベルライフ誌提供

ため か、経験者のコメントは全体的に好意的だ。

また、多民族であることから料理も多彩であり、〝ベイシェラトンのビーチで食べたイタリアンがとても美味しく、本場イタリアで食べたものよりランクが上のように感じました〟（女性28歳）といったように、世界的な観光地であることから、中華やイタリアン、フレンチ、日本料理、シーフード料理、多彩な民族料理をアレンジしたフュージョン料理等が楽しめ、しかも質が高いのが魅力だ。「食」を前面に出すまでもなく世界的なリゾート地として集客力の衰えない観光地ではあるが、「食」の充実度に対し関与度が低いのが残念だ。

旅行者が必ず体験する世界3大料理のトルコ料理——イスタンブール——

世界の3大料理のひとつである「トルコ料理・シシケバブ」を食べたことのある人は全体の4・9％程度であるが、イスタンブール旅行者の92・2％と大半が食べたことがあるとしており、イスタンブール旅行において「トルコ料理」が重要な要素となっていることがうかがえる。今後については「食事を第一の目的として行きたい」＋「食事を主要な目的として行きたい」をあわせ12・1％が意向を示している。

しかし、海外旅行で印象に残る料理としてイスタンブールのコメントがほとんどあげられなかったのは残念である。「トルコ料理」ではシシケバブはよく知られているが、それ以外でもドネルケバブ、キョフテ等の肉料理や米料理、ヨーグルトをふんだんに使った料理、ライスプディングや日本でも一時期流行した粘りの強いアイスクリーム等、料理の種類が非常に豊富であり、日本人好みの料理も多そうだ。現時点ではあまり理解されていないが、「食旅」のポテンシャルが十分にある都市だと思われる。

調査対象者のコメント

「トムヤムクン。強烈なスパイス!」(バンコク・男性55歳)
「シーフード料理店(特にカニカレー)は絶品。安くて気取らず美味しくて何度でも行きたい店です」(バンコク・女性56歳)
「屋台料理の美味しさ、安さにビックリしました」(バンコク・女性58歳)
「ナシゴレン・ミーゴレンが安くて美味しかった」(バリ・男性36歳)
「こんな安い値段でこんなに美味しい料理が食べられるのかと驚いた」(バリ・男性52歳)
「バリはよく行きますが何を食べても口にあい、とても美味しい」(バリ・女性37歳)
「トルコではチョップシシが印象的でした」(イスタンブール・女性20歳)
「タンドリーチキンが忘れられない」(ニューデリー・男性61歳)
「どこに行っても安くて、とにかく美味しい」(ホーチミン・女性21歳)
「カンクンで、料理に限らずパンやケーキまで美味しいのに感激しました」(カンクン・女性51歳)
「地元の人が教えてくれたお店で食べたムール貝料理」(ブリュッセル・女性64歳)
「ブリュッセルで食べた魚介料理は日本人好みで美味しかった」(ブリュッセル・男性58歳)

8 Gグループ「これから食べ歩き都市」

――「食」の魅力はいま一歩、これからの食旅都市――

このグループは食事を主要な目的としてその都市に行ってみたいとする関与度がもっとも低い都市グループ。ビジネス、文化等の中心都市ニューヨークとロンドンが入った。さらに、グアム、カイロ、アテネ、リスボン、ストックホルム、リオデジャネイロ、クアラルンプールなどの都市も、食文化のイメージが薄くこのグループに入った。チェニス、ニューオリンズ、ブダペスト、クライストチャーチ、モンサンミッシェルは都市そのものの認知度がまだ十分ではないと考えられる。

クオリティの高い料理も味わえる都市――ニューヨーク――

ニューヨークは「ステーキ」を提示して確認した。旅行者の多さから食べた経験のある人は全体の13・9％と比較的多いが、ニューヨーク旅行経験者では63・7％程度と低く、今後については「食事を第一の目的として行きたい」と「食事を主要な目的として行きたい」を合わせて9・8％程度と関与度、すなわち「食」に対する期待は低い。

プレ調査も含めニューヨークでステーキを食べた人のコメントでは、「ピーター・ルーガー・ステーキ・ハウス」のような老舗の味を堪能した人も見られるものの、大半はそのサイズにおどろいたというコメントであり、それはそれで旅の思い出になっているようであるが、それを食べにニューヨークを旅行しようとする人は少ない。

ニューヨークで印象に残った食体験のコメントを見ると、ステーキ以外ではオイスターバーや寿司などがあげられており、概ね好意的な評価となっている。

ニューヨークは世界の人々と文化が流れ込む大都市だ。カリスマシェフのレストランから、ロスアンゼルスと同様、各国の食文化を取り入れ、健康志向から野菜やシーフードをふんだんに使った「フュージョン料理」、洗練された日本料理、中華料理等の各国料理、ケイジャン料理等のソウルフード等々、食のバリエーションは広い。ステーキとホットドッグでアメリカ気分を味わうのも楽しいが、東京で美味しい店を探すように、ほんの少し踏み込むだけで、楽しい食事の思い出ができる都市である。

〝とても質素な食生活に思えた〟とコメントされる都市
――ロンドン――

ロンドンは「ローストビーフ・フィッシュ＆チップス」を

モンサンミッシェルのオムレツ　トラベルライフ誌提供

リスボンのポルトガル料理　旅の販促研究所撮影

提示して確認したが、ニューヨークと同様に旅行者の多さから食べた経験のある人は19・9%と多く、ロンドン経験者では73・2%程度となっているが、今後については「食事を第一の目的として行きたい」と「食事を主要な目的として行きたい」を合わせて7・7%と関与度は非常に低い。

ローストビーフやフィッシュ&チップスに代表されるイギリス料理は世界的にも質素で味気ないものというイメージが定着してしまっている。しかし、ロンドンもニューヨークと同様に世界の人々と文化が流れ込む大都市だ。〝ロンドンで食べた中華料理が思いもかけず美味しくて忘れられない〟という調査対象者のコメントも見られたが、イタリア料理、中国料理、インド料理等、各国の洗練された料理の他、オイスターバーなどシーフードも味わえる。ガストロ・パブでのお酒と食事も楽しそうだ。

また、イギリスといえばアフタヌーン・ティー。カフェで紅茶とともに楽しんだスコーンやマフィン、ビスケットについては、調査対象者のコメントでも概ね好評だ。

名物のオムレツで旅行者を呼べるか――モンサンミッシェル――

モンサンミシェルの名物オムレツは旅行経験者の75・5%（全体の5・2%）が食べたことがあるとしており、今後については「食事を第一の目的として行きたい」と「食事を主要な目的として行きたい」を合わせて9・4%程度の関与度となっている。調査対象者のコメントを見るかぎり、オムレツの評価は低いが、訪れる人の誰もが知っており、実際に食べられているオムレツは、ある意味で食旅ブランドとして旅の楽しみを高めている。

モンサンミッシェルについてはオムレツ以外のコメントは見られなかったが、パリからのツアー等では滞在時間が短く、食事を中心に考えることもできないかもしれない。モンサンミッシェルや近くの都市カンカルでは生牡蠣やムール貝などの魚介類が楽しめる他、ソバのクレープや羊肉など、少し素朴な地方料理が楽しめる。

旅行会社各社のツアー情報を見てもオムレツ以外の情報は非常に少ないが周辺都市や、ほんの少しの情報を得ることで、モンサンミッシェル訪問の楽しみも広がるように思われる。

調査対象者のコメント

「ニューヨークのオイスターとクラム、Tボーンステーキ、ロブスター、すし屋の近海マグロ、大トロ、エンガワが最高だった」（ニューヨーク・男性52歳）
「ピータールーガーのステーキが美味しかった」（ニューヨーク・女性33歳）
「ロンドンは、ローストビーフ以外の食べ物がまずかった」（ロンドン・男性57歳）
「サヴォイホテルのアフタヌーンティーが美味しかった」（ロンドン・女性65歳）
「フィッシュ&チップスがとても有名なので食べてみたけど、いくら有名でも口に合わないものはあるんだな～と改めて感じた」（ロンドン・女性60歳）
「オムレツは美味しくなかった。２人でひとつで十分」（モンサンミッシェル・男性28歳）
「オムレツはかなり強烈なイメージ。卵をふわふわに泡立てているが中は何も入っていなくて、特に味付けもない。その前に大きくてビックリする」（モンサンミッシェル・女性24歳）

Column❻

海外旅行中の「日本食」「携帯食」

海外旅行で地元の名物料理や珍しい食べ物を食べるのは、旅の何よりの楽しみである。その料理や食べ物を食べに行く目的で旅にでる「食旅」が本書のテーマだ。しかし、海外旅行も長期にわたると、どんなに旅慣れたグルメな旅行者も「日本食」が恋しくなる。海外に出たら絶対にその間、日本食は食べないと言う人も結構多い。逆に、到着したその日から日本料理を探す人もいる。かなり以前は食べたくとも日本料理店の無い国や都市があったが、今日ではほとんどの都市にはそれなりに日本人を満足させる料理店ができている。

本調査では、「海外旅行で日本食を食べる」かどうかを聞いてみた。旅行日数や目的、デスティネーションによっても違いはあると思うが。その結果は【グラフ①】のとおりだ。「必ず食べる」は12%だった。「時々食べる」が54%で最も多い。「食べない」は34%と3分の1の人が答えた。「食

グラフ①
海外旅行で日本食を食べる？

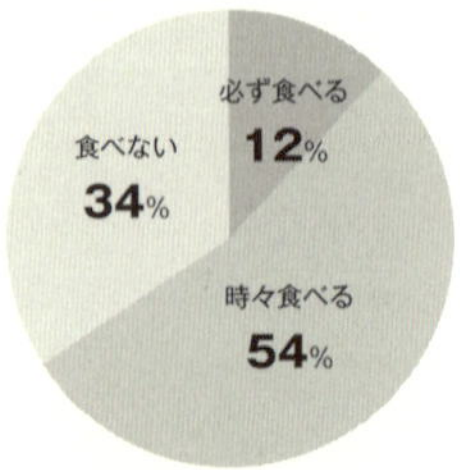

グラフ②
海外旅行に携帯食を持っていくか？

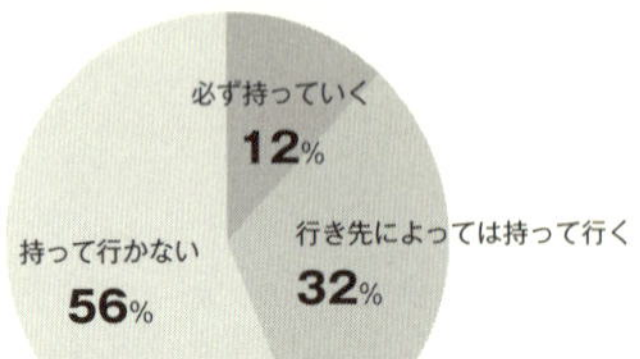

海外旅行にもっていく「携帯食」は？

	携帯食	件数		携帯食	件数
1	おせんべい・おかき	512	6	お酒のおつまみ	206
2	ティーバッグの緑茶	467	7	醤油	152
3	カップ麺	418	8	レトルト等のお粥	120
4	味噌汁	402	9	塩昆布	62
5	梅干	329	10	レトルト等のごはん	29

※旅の販促研究所調査（n=962）複数回答

べない」という人が意外に多いように感じるがどうだろうか。

同様に「海外旅行に携帯食を持っていくか」も聞いてみた。【グラフ②】がその結果で、「必ずもっていく」が12％、「行き先によっては持っていく」が32％、「もって行かない」が56％となった。この質問も旅行期間やデスティネーションにより随分違いがあると思うが、「持って行かない」人が半数を超えているのは興味深い。リピーターが増え、旅慣れた旅行者が多くなり、海外の食事事情がわかってきたからだろう。

携帯食　旅の販促研究所撮影

それでは、その携帯食はどんなものを持っていっているのだろう。そのベスト10は表のとおりで、1位は「おせんべい・おかき」だった。醤油味の手軽なおせんべいは日本人をリラックスさせるのだろう。2位「ティーバックの緑茶」、3位「カップ麺」、4位「味噌汁」。いずれも、ホテルでお湯を沸かし手軽に楽しめるものだ。5位に定番の「梅干」が入った。日本人の旅の疲れを癒す必需品だった。9位の「塩昆布」も同様な位置付けだろう。7位の「醤油」は食事のときに活躍する。最近は常備しているレストランも多い。8位・10位の「レトルト等のお粥・ごはん」もうなずける。圏外では「カロリーメイト」、「納豆」、「ポン酢」、「わさび」、「マヨネーズ」など意外なものも持って行っているようだ。

第8章
海外食旅の事例

1 宮廷料理ブームでさらに注目される大グルメ都市――ソウル――

宮廷料理ブームを観光資源に

韓国国内で2003年に放映されたMBCテレビドラマ「大長今《チャングム》」。ドラマ内で登場する16世紀の宮廷料理の数々は、韓国人でもそれまで知らなかった人が多く、韓国国内で宮廷料理ブームが起こった。日本でも韓流ブームが続く中、NHKが「宮廷女官チャングムの誓い」として放映。健康や美容にもよい料理として注目され、ソウルツアーの企画にも組み込まれるようになり、最近では、市近郊のドラマのロケ地に作られた「大長今《チャングム》テーマパーク」をメインにおいたツアーが各旅行会社で企画されている。韓国と同様に「薬食同源」を食のベースにおく香港や台湾でもブームとなったようである。

当初そこまで意図していたかは別として、このドラマによりそれまで韓国人でも知らない人の多かった過去の食文化が再生され、国内でブームとなり、さらにそのムーブメントを一瞬にして新たな観光資源として取り上げ、周辺国にまでコミュニケーションを広げたという「食」のプロモーションの大成功例といえる。

宮廷料理系の「韓定食」のフルコースは、前菜からメイン料理、デザートまで次々に伝統的な料理が供される。9つに分かれた漆器の器で彩りよく供される「クジョルパン（九折坂）」や、しゃ

韓定食　トラベルライフ誌提供

ぶしゃぶ鍋のように中央に穴のある金属の鍋で牛肉や野菜をスープで煮る「シンソルロ（神仙炉）」などが宮廷風の雰囲気を出す。いずれも「陰陽五行説」、「薬食同源」といった思想を背景に「五味五色」（黄、白、黒、赤、青）の食材を用いて作られており、素材の味が伝わるあっさりとした味付けで、日本の会席料理と同様に見た目の美しさも追求されている。値段も高めであるが、品数の多さ、スタッフの細かいサービス、ホスピタリティ等も含めて考えると、けっして高いものではないだろう。

日本人に馴染みの唐辛子イメージの強い韓国料理もソウル旅行の楽しみであるが、美味しく、さらに健康や美容にも良い料理として、今後、宮廷料理を楽しむ人はますます増えていくものと思われる。

深くて広い韓国の「肉食」文化

宮廷料理でよりグルメ都市としての注目を集めるソウルであるが、やはりソウル旅行における食事の楽しみの筆頭は前章でも取り上げた「焼肉」である。ただし、この「焼肉」についても、現在のような形でポピュラーに食べられるようになったのは比較的最近のことのようで、漬け込んだ牛肉を平たい鍋ですき焼き風に焼く「プルコギ」に始まり、戦後日本で独自に発達した「焼肉」の影

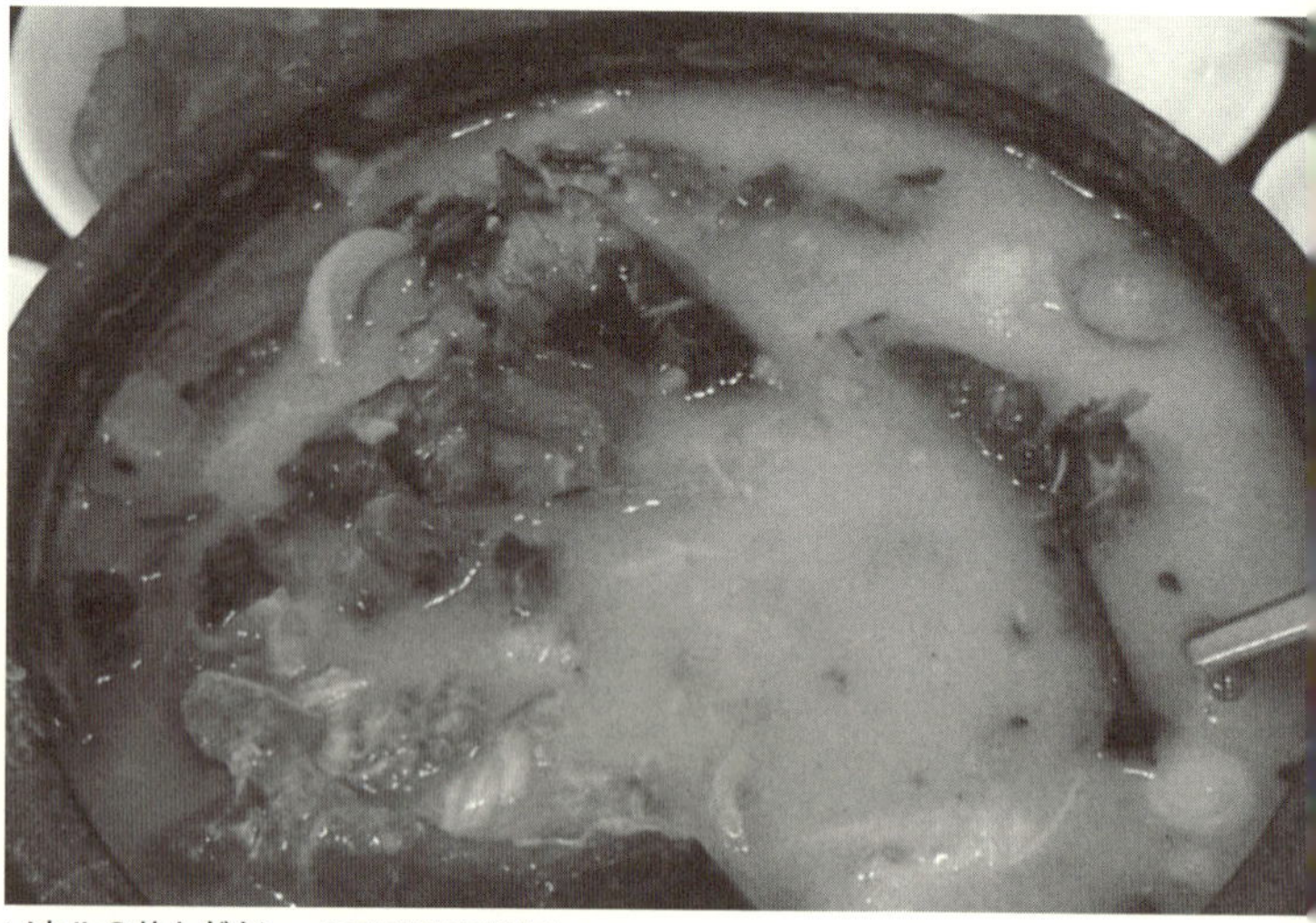

ソウルのサムゲタン　旅の販促研究所撮影

響も受けながら、現在の形になったようである。

　しかし、骨を中心に丸められたカルビが網の上で大きく広げられ、店員がテキパキと焼き上げて羅紗鋏で切り分ける臨場感、肉のオーダーだけで、各種キムチやナムル、サンチュなどがテーブルに所狭しと並べられるサービス。こんなところから「焼肉」の〝本場〟はやはり韓国と実感してしまう。

　タレに漬け込んで味付けをした「ヤンニョムカルビ」が基本であるが、最近の傾向としては、味付けされていない良質で新鮮な牛肉を焼き、塩やごま油だけで味わう「セン（生）カルビ」など、全体的に高級志向になってきているようである。逆にリーズナブルな豚肉の「テジカルビ」や「サムギョプサル」等も親しまれている。

　また、韓国の肉料理を語る際には、「ソルロンタン（白濃湯）」などの肉のスープ「湯《タン》」料理も重要だ。韓国料理の書籍や案内で「焼肉」を取り上げているものは少なく、むしろ、「湯《タン》」の方が伝統的な肉の使い方として取り上げられており、その種類も非常に多い。多くは値段もリーズナブルなので、韓国の食文化を手軽に味わうことができ、さらに健康にいいのも魅力だ。

　コラーゲンたっぷりで美容にも良いと言われている「ソルロンタン」は牛の白濁したスープにご飯が入ったもの。鐘閣《チョンガク》に「里門《イームン》」という「ソルロンタン」の老舗がある。スープそのものは非常に薄味で、テーブルにある塩で好みに味を付け、大きな容器にたっぷり入ったキムチと一緒に食べる。肉のスープとはいっても意外とあっさりしており、食べすぎや病気で弱った胃腸でもさらっと食べることができそうだ。また、スタミナをつけたい時は「サムゲタン（参鶏湯）」だろう。景福宮近くにある「土俗村《トソッチョン》」という老舗が有名だが、「サムゲタン」とは1人分の鍋に鶏を丸ごと一羽、朝鮮人参、にんにく、ナツメなどと一緒にご飯を煮込んだもの。さらに鶏のローストを頼んだりすると、ものすごいボリュームになるが、びっくりするほどリーズナブルな値段である。

市民が「食」を育てる大グルメ都市

日本人の「食旅」にとって、ソウルは最も近い、そして安く、短期間で行くことのできる「海外食旅都市」である。一般の観光要素はけっして強いとはいえないが、常に日本人を惹きつけるパワーのある観光資源を持ち、発信している。韓流スターやエステなどもそのひとつだが、なんと言っても「食」だろう。

現在の宮廷料理ブームの効果は一時的なブームではなく、多くの日本人が持つ現在の韓国料理のイメージを超え、韓国の食文化の広さと深さを感じさせたところにあると思われる。そして何よりも、単に名物を謳うだけではなく、ソウルの人々自身が楽しみながら、次々と新しい食のスタイルを生み出しているところに、大グルメ都市ソウルの魅力があると思われる。

2 リピーター化へ国も支援「食」のアピール――シドニー――

オーストラリアの玄関シドニーの課題

シドニーはオーストラリアの東海岸に位置する国内最大の都市である。その人口は約400万人を数え、オーストラリア経済の中心地であるとともに、文化の発信地にもなっている。観光地としての人気も根強く、多くの観光客が訪れている都市である。古き街並みを保護し残しているエリア、近代的な高層ビルが立ち並ぶオフィス街やおしゃれな通り、再開発が進む活気に満ちたウォーターフロントとその表情は様々である。

日本人のオーストラリアへの旅行者事情を考えてみると、なかなかリピーターが育たないと言う課題がある。理由は様々あるが、まず、他地域に比べて相対的に距離が遠いこと、歴史が浅いため文化的な遺産が乏しいこと、また、2度、3度と重ねて訪問したくなるようなインパクトの強い観光資源が他地域に比べて少ないことがあげられる。そこで注目され始めたのが観光資源としての「食」である。

移民国家オーストラリアの歴史

オーストラリアへの観光旅行、シドニーの「食旅」を考える際に、移民国家オーストラリア建国の歴史を知る必要がある。

5万年前にオーストラリアに渡ったといわれる先住民アボリジニを除くと、本格的な移民は1788年に英国の初代総督アーサー・フィリップ率いる船団のシドニーコーブへの上陸、これが始まりである。1850年代に金鉱が発見されたことに始まるゴールドラッシュは当時のオーストラリアの状況を一変させたとともに、清朝下にあった安い賃金で働く中国人労働者の数も増え、黄禍論もささやかれるようになった。1901年、6つの植民地政府がオーストラリア連邦を形成し、移民制限法が全国で一斉に行われることとなり、いわゆる白豪主義が始まった。

第二次世界大戦後、国防力の整備と経済の活性化という側面から、移民による人口増加政策が積極的に推進されることになった。イギリスからの移民が思うほど伸びなかったため、まず、東欧系の移民を積極的に受け入れ、その後、イタリア、ギリシャといった南欧系の移民を、さらにレバノン系、トルコ系といった中東系移民の受け入れを奨励した。

1972年に発足したホイットラム労働党政権は、多文化主義をオーストラリアへ導入するようになり、アジア系移民も増え、90年代になると、中国系の技術や資格を持っている移民や資産家の移民（ビジネス移民）が増加し、今日に至る。

多彩な民族「エスニック料理」の国

このようにオーストラリア国家の成立は移民の歴史ともいえる。多文化政策の下、現在のオーストラリアは、多種多彩な民族が分け隔てなく暮らす社会であり、その「食」に関してもそれぞれの民族の固有のものが混在しておりバリエーションに富んでいる。オーストラリア経済は元来鉱産物

ロブスター料理　旅の販促研究所撮影

輸出に依存していたが、オイルショック以降の世界的な省資源化がサービス産業への進展を促し、なかでも観光産業は爆発的な成長をとげ、外貨収入の首位を占めるまで発展した。

観光資源を海外の国々へ発信していく際にも、多文化は重要な要素となっており、いわゆる「エスニック」（民族の、民族特有の）はキーワードともなっている。特に伝統、固有の「オーストラリア料理」といったものがないために、旅行における重要な要素である「食」についても「エスニック」をキーワードとしてアピールしている。

また、国もそれを支援している。オーストラリアにおいては、輸出産業を奨励するＥＭＤＧ（Export Market Development Grants：輸出市場開発補助金）という制度があり、申請に制限はあるものの、例えば、在オーストラリアのレストランが海外において観光客を誘致するためにマーケティング活動を行った際にも、この制度で、渡航費用に対する補助金を申請することができる。具体的にいえば、シドニーにある地元の食材を生かしたシーフードレストランが、日本でそのレストランを訴求することでシドニーへの観光客誘致活動を行えば、その渡航費用の一部が援助されるという仕組みである。

日本人旅行者にはロブスターが一番

日本人について考えるとシドニーでエスニック料理といわれてもインパクトには欠けるように思える。旅先ではその土地独特の食材や料理を求めるのが、日本人の「食旅」である。エスニックという切り口ではなく、すでに一定程度認知のあるシーフード料理を前面に押し出したほうが、日本人にとって馴染みが深く、好む食材であるのでアピールする力は強い。その食する形態は様々で和風の鉄板焼きのレストランもあれば、フレンチ、イタリアンのレストランもある。また、築地市場を彷彿させるフィッシュマーケットなる市場もあり、ここでは、新鮮な魚介類を様々なメニューで手軽に楽しむこともできる。

シドニー在住のＪＴＢオセアニア千原企画部長によれば、「日本人のお客様には、シドニーではやはり、シーフード料理、例えばロブスターの料理がお勧めです。実際に食されたお客様に伺っても、バリエーションの豊富さと美味しさに満足されているようです」とのことである。実際に現地で食べてみると、刺身、鉄板焼き、フレンチ、パスタなど、そのシーフード料理のバリエーションの豊富さに驚かされる。

オーストラリアにはツーリズム産業も利用できるＥＭＤＧというユニークな国の制度もあり、日本人が大好きな「食」ロブスターもある。「食」をもっともっとアピールし、旅行者を呼び、リピーターにする可能性は十分にある。

シーフードの鉄板焼き　旅の販促研究所撮影

3 本場四川料理は日本人旅行者を呼べるか——成都——

三国志とパンダのふるさとへ

四川省の省都であり中国西南エリアの政治、経済、文化の中心都市である成都。亜熱帯性の湿潤な気候である上に、世界文化遺産の都江堰《とこうえん》に代表される古からの治水工事により大穀倉地帯となっている四川盆地は、物産の豊かな地方として「天府の国」と呼ばれている。近代的な双流空港からタクシーで高速道路を走り、イトーヨーカ堂を含む巨大なショッピングセンター街やホテルが立ち並ぶ総府街、春熙路、提督街などの中心街までは30～40分程度。近代的なビルが建ち並び、自動車と電動スクーターが縫うように走る近代的な大都市だ。

蜀の都であった成都。諸葛孔明と劉備玄徳を祭る武侯祠《ぶこうし》や、杜甫草堂など、三国志や中国の歴史に興味のある人であれば一度は訪れてみたいポイントであろう。市郊外の広大な敷地に作られた成都大熊猫《パンダ》繁育研究基地も外国人旅行者の大きな観光スポットになっている。また、最近の中国旅行の目玉となっている世界自然遺産の九寨溝《きゅうさいこう》や黄竜《こうりゅう》観光の拠点となっている他、チベットの中心都市ラサへの航空便など中国西南や西北エリアへの入口として今後ますます旅行者を増やしていくものと思われる。

陳麻婆豆腐店の麻婆豆腐　旅の販促研究所撮影

中国四大料理・四川料理を食す

成都といえば中国四大料理のひとつ四川料理の中心都市。今回の調査結果を見ると、北京、上海、広州等の主要都市と比べ訪問者の絶対数はまだまだ少ないが、訪問経験者の大半が四川料理を楽しんでおり、今後についての意向も比較的高く、「食旅」のポテンシャルは十分に秘めていると思われるが、印象に残る食事としてのコメントはほとんど見られず、北京・上海・広東料理には水をあけられているという感じがする。

成都の食といえば、まずは「麻婆豆腐」だろう。成都に住んでいたあばたのお婆さんによって作られたという話はあまりにも有名であるが、その流れを継いだ店が「陳麻婆豆腐店」。市内には同名の店舗が何軒もあるが、各種ガイドブックで本店として紹介されているのは西玉竜街のお店。味が感じられないほどの辛さというコメントが多いのだが、実際に食べてみると花椒の刺激は強いものの、辛さは日本の激辛系料理の方が辛いのではという印象。ただし、同行者は最初の一口で舌が痺れ、味を感じなくなっていたようなので、個人差は大きいだろう。このお店では麻婆豆腐以外の四川料理も楽しめ、スタッフの方もフレンドリーで、成都ではけっして当たり前ではない冷たいビールも用意されている。また、お土産として売られている麻婆豆腐の素など、話題性という意味では成都における食旅スポットの筆頭とい

成都の四川料理店　旅の販促研究所撮影

えるだろう。

本格的な四川料理が味わえる店として主だったガイドブックで紹介されている「大蓉和瓦缸酒楼」。中心街からは少し離れた場所にあるが、多くの客で連日賑わっている。

広い店内は非常に明るく清潔で大半の客は中国人。パワフルで楽しそうな笑い声が店内に響き渡っている。洗練された四川料理はどれも美味しいのだが、一皿一皿にたっぷり使われている油と、独特の調味で思ったほど量は食べられない。また、当然ではあるが冷えたビールを頼むとかなりの時間がかかり、この規模のレストランでも外国人の利用があまり意識されていないようである。しかし、言葉が通じず悪戦苦闘をしながらも、常にフレンドリーに接してくれた純朴そうなフロアスタッフの若者には好感が持てた。

本格四川料理とは別に、成都の庶民に親しまれているのが坦坦麺やワンタン、水餃子、白玉などの小吃《シャオチー》。繁華街の春熙路にある「龍抄手」等が有名であるが、ショッピングセンターのフードコートのように広い店内は地元の人でいっぱいで、フロアに響き渡る話し声のパワフルさに圧倒される。18元（270円）のセットメニューを頼むと、小皿にいくつもの料理が出され、全てを食べきると結構なボリュームである。

また、観光スポットの杜甫草堂などにはゆっくり中国茶を味わうことができる「茶館」がある。四川の地方劇である「川劇」を見ながら軽食を楽しむことができる茶館もガイドブックでは紹介されている。好きなお茶を選ぶと茶葉の入ったカップと、お湯の入った大きな魔法瓶が運ばれてくる。静かな庭園の中、梢の下で地元の老人達がのんびりとマージャンを楽しんでいる。街の喧騒とは正反対にゆっくりと流れる時間を楽しむことができる空間だ。

情報発信により北京・上海・広州と並ぶか

以上の店はいずれも「地球の歩き方」や「ＪＴＢワールドガイド」等のガイドブックで紹介されているお店であり、地元の人々で賑わうお店ではあるが、外国人観光客をあまり意識はしていないような印象を受けた。そのためか、ガイドブックでの食のウエイトが中国の主要都市と比べ低く扱われているように思われる。中国政府は２００３年を「中華料理王国の旅」として、食文化を前面に打ち出したプロモーションを展開したが、成都に関しては、一般的な旅行の情報源から入手できる情報はまだまだ少ないように思われる。

他の大都市の洗練された料理に対し、成都では四川、中国内陸部や西南エリアそのものの食文化が継承されている。そのことでやや心理的な距離感を感じてしまうところがあるのかもしれないが、今後、成都を訪れる日本人が増え、逆に成都から日本を訪れる人が増えることによって、食の情報も豊富になり、単に観光スポットへの中継都市としてだけではなく、新しい中華料理のバリエーションが楽しめる「食旅都市」になっていくものと思われる。「食旅」として十分に北京・上海・広州に並ぶことが可能な都市である。

Column⑦

旅と「食物アレルギー」

旅行での最大の楽しみのひとつはなんといっても「食事」だ。それが本書のテーマである「食旅」である。しかし、その楽しみであるはずの食事に対して、「食物アレルギー」を持つ人々は少なくない。

近年日本においても「食物アレルギー」についての関心が高まってきている。2007年3月に文部科学省が小学校・中学校・高校に通う児童・生徒1270万人を対象に調査を行ったところ、2・6％に相当する約33万人が食物アレルギーを持っていることが明らかになった。子どもに限らず、食物アレルギーの家族がいる家庭では、毎日の食事に細心の注意を払っていることはもちろんだが、旅行となると旅先での食事に対する不安があり、旅行そのものを控える場合も多いという。食事の好き嫌いへの対応は別として、「食物アレルギー」への対応は観光業界、旅行業界として真摯に取り組む必要があり、徐々にだが進みはじめている。

旅行中、選択の余地のない食事に飛行機の機内食がある。最近は、多くの航空会社ではベジタリアンや宗教的理由などのさまざまなニーズに応えるために特別機内食を用意しており、そのメニューも豊富になってきている。JAL、ANAといった日系航空会社では、出発の24時間前までにリクエストすれば、食物アレルギーを持つ子ども向けに5大アレルゲン（卵、乳、小麦、そば、落花生）を除去した特別機内食をメニューに加えている。

今人気の日本のクルーズ客船でも乗船時にあらかじめリクエストしておくと、カードをもらえ、それを食事時テーブルに置くことによりアレルゲンを除去したメニューを用意するなどのきめの細かいサービスを実施している。

子供たちの憧れ、東京ディズニーランド・東京ディズニーシー内のレストランでは、東京ディズニーリゾート・インフォメーションセンターが食物アレルギー対応の食事のサポートをしてくれ、アレルゲンの含まないメニューを探してくれる。

　旅行先となる旅館やホテルでも、予約時などに申し出ると別メニューを用意するなどして、対応してくれるところが出はじめてきている。旅行会社の企画するパッケージツアーについては、添乗員のサービスレベルで可能な限り対応したいとしているものの、現実的にはまだ本格的な対応をしているところは少ない。

　沖縄県久米島は、食物アレルギーの子どもたちを対象とした旅行商品を官民一体となり取り組んでいる。食物アレルギーのある子どもたちに対し、宿泊施設や飲食店が協力して安全な食事を提供するなど、病院も参加し受入れ体制を整備する。国も助成する全国初の先進的な取り組みとして注目されている。

　食物アレルギーは、どの食材がどの程度アレルゲンとなるかの個人差も大きく、対応する側にも幅広い理解と柔軟性が求められ、難しい部分もある。今後は海外旅行においても食物アレルギー対応についてのニーズが高まっていくものと思われる。関係の業界の積極的な対応が望まれる。

抗原別頻度

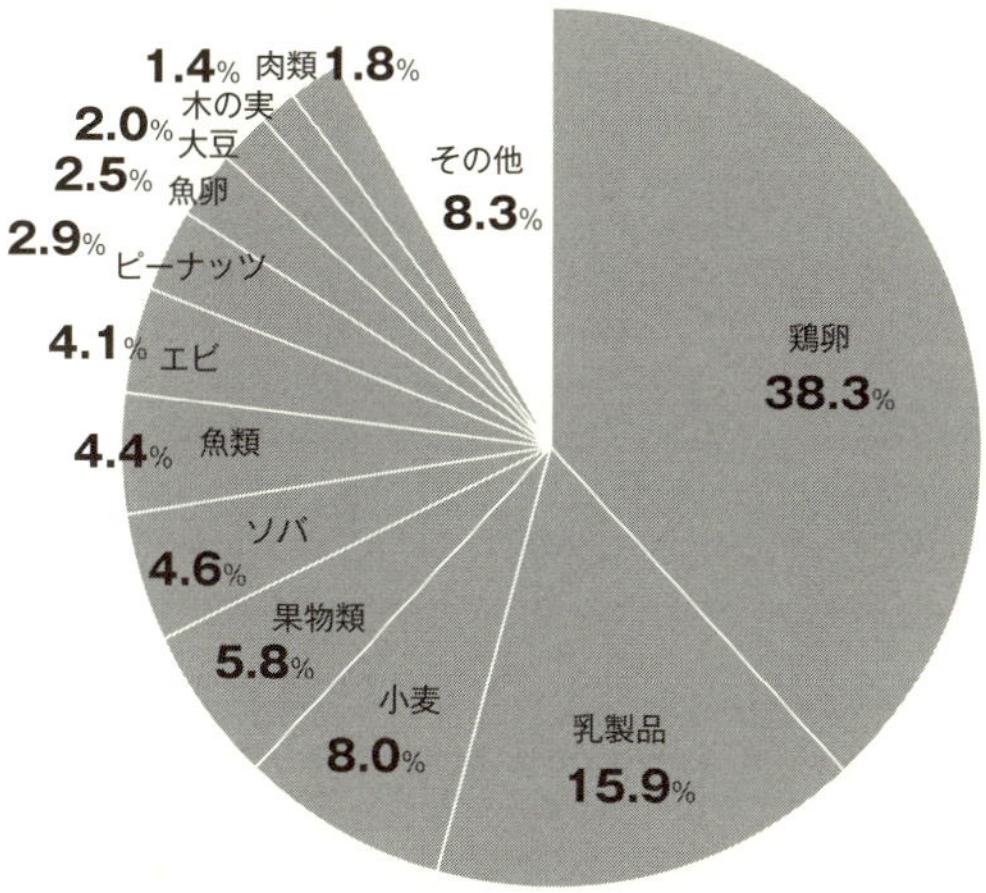

※厚生労働科学研究「食物アレルギーの実態及び誘発物質の解明」
平成12年度～平成14年度総合研究報告書より

第9章

「食旅」の取り組みと効果

1 パンフレットに見る「国内食旅」

メディア販売商品に多いグルメツアー

「高級牛肉・米沢牛と佐藤錦限定さくらんぼ狩り山形うまいものめぐり1泊2日」、「絶品生うに丼と陸中海の幸舟盛り膳旬の三陸うまいものめぐり1泊2日」、「長門のいか・ふぐ・あなご・うにと萩温泉郷2日間」、「カニ食べ放題城崎2日間」、「加賀百万石伝統の味加賀会席と越前かにづくし2日間」、「にっぽん味覚探訪みやざき地鶏と完熟マンゴーよかとこ宮崎2日間」。

第1章で紹介した、これらの美味しそうなパッケージツアーはJTB旅物語やクラブツーリズム、阪急トラピックスなどのメディア販売商品がほとんどだ。メディア販売商品とは新聞広告やDMによるカタログなどにより店頭を通さずに専用のコールセンターなど非対面形式で販売されるパッケージツアーのことで、ほとんどの場合いわゆるパンフレットは作られていない。

旅行の目的として「食」を前面に打ち出し、ツアータイトルを入れた店頭パンフレットは実は多くない。国内旅行の場合、旅行会社店頭で並んでいるパンフレットを眺めると、季節ごと目的地別に作成されたパンフレットが一番に目につく。旅行に行こうと考えている人にとって、ほとんどの

エースJTB味わいの宿　JTB提供

場合、行きたい方面が最初に決定される用件であるので、多くのパンフレットはデスティネーションの地域ごとに作成されている。次に年間を通じて販売されている宿泊プランパンフレットが定番でおかれている。

一方、旅行の切り口のひとつである季節を捉えると、初春であれば桜、初夏であればファミリーという形態、祭り、花火大会といった風物、秋口には紅葉、初冬にはスキーや雪祭りといったように、それぞれの季節に特化したパンフレットがスタンドを飾っている。そのひとつとして冬のグルメがあり、この時期、グルメツアーのパンフレットが店頭に並ぶことが多い。

料理内容でアピールしている宿泊プラン

季節を問わない定番ものの宿泊プランのパンフレットには、宿泊施設における食事をポイントとしてアピールしているものもある。例えばＪＴＢの料理自慢の旅館のプランを集めた「味わいの宿」、近畿日本ツーリストの「味覚の宿」などで、食をイメージさせる名称をつけて他の宿泊プランと差別化をはかっている。そのパンフレット表紙も風景写真ではなく、パンフレット内で紹介している代表的な宿泊施設の食事内容をビジュアルとして採用している。

ＪＴＢの「味わいの宿」パンフレットを見てみると、味わいの宿の特色として、オリジナル料理、チョイスメニュー、宿泊施設独自のもてなし、量ひかえめプランなどが記されている。もちろん、パンフレット内の宿泊施設紹介ページを主で飾るものは、食欲をそそる料理例の写真である。スペースの都合で全てを紹介できないものもあり、アピールしたいメニューをお品書きとして文字で書き添えているものもある。写真は料理のボリュームや見栄えを良くするため、一人分で紹介するのではなく、〝お造りは４人前〟〝舟盛りとズワイガニは５人前〟などといった注意書きがあるものも多い。

料理の形式をアピールしたパンフレット

「食」をアピールするもので、夏のファミリー向けに登場したものに「バイキングの宿」がある。これは「食」そのものが目的ではなく、食事の形式を訴求したものである。一般的な日本旅館における メニューが決まっている食事と異なり、バイキングであれば、好きなものを好きなだけ食べることが可能であり、子供が満足することを主眼におくファミリー旅行では最も喜ばれる食事形態である。パンフレットにおいてポイントになるのは品数と内容であり、ほとんどの施設が〝和・洋・中の約50種類のバイキング〟といった表現とともに、それぞれ特色を持った料理をボリューム満点のビジュアルで紹介している。

夏を意識した少々ユニークなものに京都の川床料理をアピールしたものがある。「エースＪＴＢ夏の京都川床紀行」のパンフレットは、川床料理を食べるプランをまとめたものである。このパンフレットの場合、ビジュアルでは料理や食材を訴求するのではなく、食事をする際の独特の形式と暑い京都の夏における涼しさや風物のアピールが中心となっている。

ユニークな日帰り「食旅」

日帰りツアーに「食旅」が意外と多い。例えば近畿日本ツーリストのバス旅で「甘えび食べ放題・海鮮丼と城崎温泉自由散策」「さぬきうどん食べ歩きたっぷりコース」といった企画を提供している。

ビジュアルで訴求しているのは昼食の写真である。同様のバス旅は阪急交通社のトラピックスにも多くある。

一方、鉄道を使った日帰り旅という切り口でJR東日本は「びゅう」というパッケージツアーでユニークな「みやぎ寿司海道」という塩竈、石巻で寿司を食べる日帰りのツアーを企画している。それぞれ東北新幹線を仙台まで利用し、塩竈、石巻の指定された寿司屋で昼食をとってくるという個人型のプランである。パンフレットは、表紙に美味しそうな寿司握りの盛り合わせを使いアピールしている。

日帰りで多く企画されているのは気軽に行ける食旅として人気の高い〝味覚狩り〟のツアーである。例えば、はとバスの日帰りバスツアー初夏のパンフレットの表紙は、びわ、さくらんぼ、桃、メロン、スイカ、とうもろこしといった食材の美しいビジュアルとなっている。

国内パンフレットの作り方としてビジュアルの中心にあるのは、旅情をそそる風景であり、宿泊施設の紹介である。しかし、旅を構成する重要な要素である「食」はパンフレットに彩りを添えるビジュアルとしても、もっと積極的にアピールする価値が十分にあるといえる。

2 パンフレットに見る「海外食旅」

中華と韓国料理に多いグルメツアーパンフレット

国内ツアー同様、ずばりグルメツアーという表紙から中身まで食のビジュアルで飾ったパッケージツアーのパンフレットはけっして多くない。とはいえ、ツアータイトルに料理名が入り、料理の写真を前面に打ち出したパンフレットも結構ある。

例えば冬場に発表されていたルックＪＴＢ「いただきま〜す！上海・北京・大連・青島」というパンフレットだ。このパンフレットの表紙メインビジュアルは上海ガニで、四川料理、点心、北京ダック、アワビなど、紹介している目的地で食すことのできる料理や食材の写真が囲んでいる。具体的なコース内容は、例えば上海ガニを食す上海へ行くコースであれば、本場上海ガニを「上海蟹2杯付き＋飲み放題」や「王宝和大酒店で食べる！　上海蟹づくし」など3つのコースから選んで食べるといった工夫をしたコースである。もちろん、上海ガニのビジュアルは該当コース紹介ページ見開きで5点も掲載されている。

近年、韓流ブームとしてクローズアップされてきた韓国ツアー、特にソウルへ行くツアーには、

ルックJTBいただきまーす!　上海・北京・大連・青島　JTB 提供

「食」をアピールする名称のついたものも多い。例えば、近畿日本ツーリストのホリデイには「Hanako美味ソウル3日間」、ルックJTBには「街歩き食べ歩きソウル3日間」といったコースもあり、ソウルにおける「食」、骨付きカルビやプルコギなどをアピールしている。また、「チャングムの誓い」で広く知れわたった韓国宮廷料理をアピールしているものも多い。

本書の調査での結果どおり、韓国料理や中国料理はそれ自体で十分に旅行者を集めることができることを多くの旅行会社は知っているということだ。また、意外と多いのはワインツアーで、「ソムリエ同行フランス名シャトーを巡りフランスワインを満喫する旅10日間」のようなもので人気があるという。高額ツアーに反応するワインファンは結構多いようだ。

目的地別パンフレットでの「食」の紹介

最も多く流通している各季節のアジア、ヨーロッパ、アメリカなどのデスティネーションの方面別パンフレットにおける各地の「食」については、行程の重要なポイントとして紹介しているものが多い。行く先での「食」は旅行を構成する重要な要素であり、旅行内容を充実させるものであるという観点からビジュアルを豊富に使い積極的にアピールしている。

その中で最も充実しているのは、添乗員同行の特にヨーロッパを周遊するツアーパンフレットで、スペインのパエリア、フランスのエスカルゴ、オーストリアのウインナーシュニッツェル、ドイツのソーセージといった各地の料理をビジュアルで〝各地の有名料理をご用意しました〟といったキャプションとともに巻頭ページで紹介しているものが多い。また、コース内容を具体的に紹介するページにおいては、そのコース内容の様々な魅力を伝えるにあたり、観光ポイントや宿泊ホテルのビジュアルを使った紹介だけに留まらず、例えば北欧のコースであれば、〝夕食は船内にてスウェーデン風ビュッフェ本格的スモーガスボードをお召し上がり下さい〟といったような表記と写真で、ツアーを訴求する重要な要素として表現しているものもある。

日程を具体的に表記したカセットと呼ばれるスペースにおいては、朝、昼、晩それぞれの食事内容が判るよう枠囲いをもって文字情報として紹介している。一例を紹介すれば、イタリアを巡る周遊コースの昼食は、現地2日目が〝ミラノ風リゾット・ミラノ風カツレツ〟、3日目が〝イカ墨のスパゲティ〟、4日目が〝2種類のパスタと盛り合わせ〟といったものである。

フリープランではミールクーポンで「食」をアピール

一方、添乗員が同行しないフリープランのパンフレットでは、追加プランやミールクーポンとして現地の食をアピールしている。これは、どの方面にも共通していえるが、その土地の名物料理や有名レストランでの食事をビジュアル入りで紹介している。特に現地についてからでは予約できない有名レストランの予約を旅行出発前に行うというものも多い。

ルックＪＴＢのヨーロッパのパンフレットの中の〝旅を彩るお食事〟のページでは代表的な10数軒の有名レストランが並び、例えば〝ル・グラン・ヴェフール（フランス料理）サボォア地方出身のシェフが手掛けるミシュラン3つ星レストラン。歴史ある店内のクラシカルな内装も一見の価値あり。受付開始日2ヶ月前〜。服装はフォーマル〟のように紹介し、予約代行手配を行っている。

また、ローマでの〝ジェラートクーポン付〟のようなコースもある。現地で是非食べたい「食」を上手にアピールしている例だろう。

パンフレット表紙の「食」のビジュアル

具体的に最も目立つパンフレット表紙で「食」をアピールしているものを探すとアジア方面の都市滞在型ものが多い。理由は、ヨーロッパや北米などは有名観光スポットや自然の風景、ハワイ、グアム、サイパンなどでは美しいビーチといったものが旅行者にアピールしやすく、表紙のメインビジュアルとなってしまう傾向があるが、アジアの都市はツアーそのものの数も多くあり、代表的な風景よりもその土地の有名料理をビジュアルでアピールしたほうが、ツアーとしての魅力を増すからだ。香港、台湾、ベトナム、シンガポールなどは現地で食べることのできる本場の料理、デザートなどの写真を前面にだしているケースが多くある。

例えば香港なら飲茶、広東料理などが表紙に登場する。台湾なら台湾料理や飲茶、ベトナムなら生春巻きやフォー、シンガポールなら屋台料理やシーフードが表紙を飾っている。中国であれば、やはり上海ガニか北京ダックが前面に出てくる。アジア地区では料理ではなくデザートや飲み物が登場することもある。

この傾向を見ると、リピーターの多いアジアや中国は名所、旧跡などの観光スポットのアピールよりも「食」を前面に打ち出したほうが、旅行者の注目をひくと旅行会社が考え始めているということだ。「食」はなんといってもインパクトのあるビジュアルになりやすく、何度もその地を訪れているリピーターにも訴求できる強いパワーを持った観光資源と言えよう。

3 「発の食旅」

「食旅」の2面性

「食旅」には2面性がある。ひとつは、旅行を企画する際、「食」という観光資源をもつ国内や海外のどの都市を選択したら多くの旅行者を集めることができるだろうか、あるいは、旅行者の要望で旅行を手配する際、同様にどの都市を選択したら満足度の高い旅行を組み立てることができるだろうか、という旅行を企画したり、販売したりする旅行会社から見た「食旅」である。いわば旅行者を送る側からの論理で「発の食旅」と言うことができる。「発」とは旅行者を集めデスティネーションへ送ることで「発営業」ともいわれる。旅行会社や鉄道会社、航空会社などの運輸機関などの営業からの考え方である。

それに対し、どんな「食」をその土地の名物にしたらいいのか、どのようにそれを旅行者に提供したらいいのか、そして誰にどのようにアピールしたらいいのか、という旅行者を受ける側の論理で、観光都市・観光地そのものが考えなくてはならないものだ。国や都市の自治体、観光局、観光協会、商工会などが中心となり行う活動だ。実際には、ホテルや旅館、レストラン、観光施設、土産屋なども その当事者となることが多い。海外では滞在中の現地手配を行うランドオペレーターが担うこともある。これがもうひとつの「受の食旅」である。

「発の食旅」としての国内旅行

旅行会社が募集型企画旅行、すなわちパッケージツアーを企画する場面を考えるのがわかりやすい。パッケージツアーを企画造成する際、目的、ターゲット、仕入価格、販売価格、シーズン、出発日、募集規模、運輸機関、宿泊施設、観光施設等々さまざまな要素を勘案しながら最適なコースを企画していくことになる。その中で「食」をメインの目的としたコース、あるいは「食」がポイントとなるコースなど、観光素材としての「食」をまさに料理していくことになる。

もちろん、過去の実績や顧客の声、受地の要望など経験則的にアレンジしているだろうが、当調査の結果はその際の大きな指針となるだろう。例えば、国内で極めて「関与度スコア」の高かった、札幌、松阪、大間、越前、高松、横浜、下関、香住・城崎、小樽などは「食」を前面に押し出し、ツアータイトルに入れたコースを設定してみてもいいだろう。それにつづく博多、伊勢・志摩、神戸、大津・琵琶湖、京都なども「食」をアピールすることにより集客効果を高めることができるだろう。もうすでに、これらの都市へは「食」を中心としたパッケージツアーを企画していると言われそうだが、大間や高松、大津・琵琶湖などはここまで高い関与度とは想定していなかったのではないだろうか。

「関与度スコア」が中位以下の都市にも、意外と大きなポイントをあげている都市がある。注意深く見ることにより企画造成のヒントになると思われる。また、それらの都市においても、この調査に提示された食事については夕食や昼食などの旅程に組み込み、募集パンフレットの中でアピールすると良いだろう。

高価で手の込んだ料理だけが、旅行者を集めているわけではないのは注目される。ラーメン、うどん、餃子などは強い観光資源となっているが、パッケージツアーの中での旅行者への提供はかえって難しい。しかし、その土地に行った以上食べてみたい名物である。ツアー中に自由行動をつくり、個人行動の中で体験してもらうなどの行程を考えることも重要だし、できればクーポンなどにより安心して提供する工夫も必要となろう。

パッケージツアーの企画造成という場面だけでなく、カウンターや営業で顧客の要望を聞き手配するときでも、「食」は重要な要素となる。「どこかいいところはありませんか？」という顧客の漠然とした問いの中には、自然観光、歴史・文化遺産、温泉といった観光要素のほかに、「美味しい食事のできるところ」という意味も必ず含まれていると考えられる。とくに経験率の高い国内旅行においては、「食」の比重は高く、それを考慮に入れ旅行相談に応じないと満足度の低いものになってしまう恐れがある。そんな場面にも、当調査の「関与度スコア」や分類のマトリックスを活用してみる価値があると思われる。

海外旅行はまさに「発の食旅」

海外旅行のパッケージツアーは、ＦＩＴ（海外個人旅行）のシェアが拡大しているとはいえ極めて大きな影響力をもつ。

海外ツアーでは「食」だけを謳うツアーはけっして多くないが、やはり「関与度スコア」の高い、ソウル、ナポリ、香港、上海、北京、ミラノ、釜山、ローマ、マドリッド、台北などは「食旅」に徹しても十分に旅行者を集めることができる。現実に距離の近い韓国のソウル・釜山、中国の上海・北京、香港・台北へは名実ともに「食」だけを目的にした、さまざまな「グルメツアー」が企画され実施されている。焼肉を中心とした韓国料理、多くの種類のある中華料理の〝本場〟へ旅行者をそれ自体で呼べることは、もうすでに実証済みともいえる。もうひとつの日本人の大好物イタリアンについても、この関与度スコアを見る限り、十分にそれ自体で旅行者を呼ぶことができるだろう。イタリアにはナポリ・ミラノ・ローマの3都市がベスト10入りした。パスタのふるさとナポリが最上位に来たのも興味深い。もちろん、イタリアには「食」以外の観光資源が山のようにあり、しかもすべてが世界一級のものだ。イタリアに行った以上は観光地巡りもいれることになろうが、「食」を前面に打ち出した「グルメツアー」をもっともっとアピールしてもよいだろう。

前述の都市に続く広州、フランクフルト、成都、パリ、ボルドーなども同様に「食」を前面に出したツアータイトルのパッケージツアーを企画したい。また、それ以下の都市においても十分に「食」のポテンシャルは高い。行程の中できっちりと入れ込み、パンフレットなどでアピールしていくことにより、募集に勢いをつけることができるだろう。

パッケージツアーの価値を高めるのは、単にフランス料理やイタリア料理が入っていますでは足りない。個人ではなかなか行くことはできない、あるいは予約のとりにくいレストランやスペシャルなメニューなどを組み込むことがポイントとなろう。ツアーの設定上ハードルは高いと思われるが、レストラン名やメニューなどの固有名詞を募集パンフレットに出すことが、これからの「海外食旅」には必要なことになってくるだろう。

一方でフリー型のパッケージツアーやＦＩＴが主流になってきている。「食」についてもお仕着せのレストランやメニューでは飽き足りない旅行者が増えている。そういう旅行者の「食」への要望の対応は、旅行会社のこれからの大きな課題といえよう。

4 「受の食旅」

「食旅都市」をつくる

地域を活性化させる手段となるのはけっして観光だけではないが、人口集積がなく、強力な地場産業がない地域では観光による地域振興は大きな選択肢となる。観光による旅行者の誘致は交流人口を生み出し、その地に経済効果をもたらすだけではなく、文化の相互理解を促進させる。

観光による地域活性化には、その地域までのアクセス、地域内の交通、旅館・ホテルなどのインフラ整備が必要であるが、なによりも重要なものは観光資源だ。できれば、他にない、あるいは明確に優位な観光資源がほしい。美しい自然景観、歴史ある文化遺産、良質な温泉、古い街並み、安全できれいな海水浴場、テーマパーク、名門ゴルフ場、伝統のある祭り等々だ。北の街の動物園だった「旭山動物園」は多くの関係者の工夫と努力により、全国区の観光ポイントに育ち旭川を一大観光地にした。

「食」も大きな観光資源として観光都市をつることができる。実際「関与度スコア」の上位となった都市は、他の観光要素はもちろんあるものの、圧倒的に「食」のパワーで有力観光地となった都市ばかりである。

例えば、札幌は一大観光地北海道の表玄関で、ビジネスの中心地でもあるが、今日もっとも成功している食旅都市といっていいだろう。しかし、カニやウニ、イクラといった新鮮な魚介類にしろもともと水揚げの産地と言うわけではない。ラーメンやジンギスカンは戦後に生まれた名物だ。近年注目を浴びたスープカレーなどは地元の食材とは関係がない。さまざまなメディアや口コミを利用してのプロモーションにより生まれた食旅都市ということができる。松阪のブランド牛は明治までさかのぼることができるが、その間の地道なプロモーションは有名である。大間はまぐろで近年急激に知名度を上げてきたところだが、もとはテレビドラマ、映画での話題からだった。優位性のある食材や料理があれば、それをプロモーションすることにより多くの旅行者を誘致する食旅都市をつくることは可能と言える。

「食旅都市」のでき方

食旅都市が認知度をあげ、旅行者を呼ぶようになる過程にはいくつかのパターンがある。

伝統あるもてなしの地元の料理がある古くからの食旅都市。京懐石の京都、加賀会席の金沢、皿鉢料理の高知などが代表例だ。次に、外から来た客へのもてなし料理ではなく、地元の郷土料理が旅行者を呼ぶ料理となった食旅都市で、讃岐うどんの高松、中華料理の横浜、信州そばの長野・松本、きりたんぽ鍋の秋田などがこのパターンになる。

最も多いパターンが食材の産地で、その食材の希少性、ブランド化などにより、〝本場〟で食べることが求められ食旅都市となったところ。松阪牛の松阪、越前ガニの越前、下関ふぐの下関、神戸ビーフの神戸、近江牛の大津・琵琶湖、米沢牛の米沢、うなぎの浜松・浜名湖、黒豚の鹿児島、ふかひれの気仙沼、関さば・関あじの大分、地鶏の宮崎、松島かきの松島、鯛・たこの明石……食旅都市の大半を占める。「その土地でとれた食材を、その土地ならではの調理法で食べる」という、食旅の原則どおりといっていい。近年、その地の食材にこだわらない、新しい食文化を街に興し、それを街ぐるみで育て、全国へプロモーションをし、食旅都市となったパターンも意外と多い。札幌、博多、名古屋の大都市は代表例だろう。ラーメンの喜多方や旭川、冷麺の盛岡、餃子の宇都宮などは近年の成功例と言えるかもしれない。

食旅都市となるプロセスは以上のように何パターンかあるが、最終的にはそれを大消費地である都会にアピールし、全国区になるための積極的なプロモーションが必要になる。

近年はテレビの旅番組、グルメ番組が大きな影響力を持ってきた。旅行情報誌やグルメ誌、新聞記事も力がある。旅行会社の商品設定やJRなどによるデスティネーションキャンペーンなども極めて重要な役割を果たしてきた。最近はなんと言ってもインターネットで、ブログによる口コミが最大のプロモーションとなっているようだ。

海外食旅都市のアピール

海外の食旅都市は、伝統あるもてなしの地元の料理がある古くからの食旅都市が多いが、近年、新しい「食」のアピールによって成長している都市もある。いずれにしても、海外の都市については日本からのコントロールは困難だが、日本人好みの「食」をアピールすることにより、多くの日本人旅行者を呼ぶことは可能と思われる。

本文でオーストラリアの事例をあげたが、固有の「オーストラリア料理」を持たないオーストラリアは移民文化の特徴である「エスニック料理」を前面に出していたが、日本市場に対しては「シーフード料理」を前面に出しリピーター化を促進しようと言う試みを始めている旅行会社もある。在日政府観光局や日本人旅行者の現地手配をするランドオペレーターの方々には当調査結果を是非、参考にしていただき「関与度スコア」をあげている都市の食材、食文化、プロモーション方法などを研究していただけると、日本において効果的な誘致が可能になるのではないだろうか。

インバウンドにおける「食旅」

今回調査では、あえて触れなかったインバウンド（訪日外国人旅行）においての「食旅」は次の研究課題としたい。観光立国を推進するにあたり、「日本の食」を強力な観光資源とすることは極めて重要なポイントと考えられる。実際、韓国や中国の訪日旅行者の調査においても、旅行中経験したこと、あるいは経験したいことの上位に「日本食」がきている。

今、海外では健康食ブームで、「日本食」は注目されている。寿司、刺身、てんぷら、和牛、すき焼き、酒などはすでに英語にまでなっている。「健康にいい」だけではなく、「品質がよく美味しい」という評価を世界で貰い始めている。十分に「日本の食」は多くの海外からの旅行者を呼ぶことができるだろう。海外調査やインタビューを含め、深く掘り下げていきたいテーマである。

また、今回調査対象都市から除いた東京は、プレ調査においても多くの日本人旅行者の体験や意向を集めた。事実、東京はニューヨークを越える「食の宝庫」と呼ばれている。日本各地の伝統料理・郷土料理をはじめとした日本食はもちろんのこと、バラエティ豊富な世界各国料理のレストランがある。創作料理のレベルも極めて高いといわれている。まさに「国際巨大食旅都市ＴＯＫＹＯ」で別の機会で是非、研究したい大きな素材である。

5 「食旅」の効果

さまざまな「食」が旅や地域を活性化する

「食」が旅行者を呼び、新しい旅行を作り、新しい観光地・観光都市を作る、それだけのパワーを持っていることについては十分に理解していただけたと思う。

「食」にはさまざまな種類があり、日本人の旅行者にとって「美味しい」ことが第一の条件となるが、「珍しい」、「その土地でしか食べられない」、「その時期でないと食べられない」、「高価でめったに食べられない」、「安くて手軽」、「種類が豊富」、「有名なお店」などの旅行中ならではの条件が加味される。値段が高く高級な「食」だけが旅行者を惹きつけているわけではないのは国内、海外の「食旅のマトリックス」を見ていただければ一目瞭然である。その土地で採れた食材を使った料理がひとつの条件にはなるが、関与度の高い「食」を見ると、けっしてそればかりではない。「食」が旅や地域を活性化することは間違いないが、そこには定まった方程式はなく、さまざまなパターンが存在しているといえる。

しかし、「食旅」には共通の多くの効果がある。最後に、その効果を整理しておきたい。

「発の食旅」への効果

まず、旅行会社から見た「発の食旅」、「食」を目的としたツアーを作り、販売すると言う観点からその効果を整理していきたい。

①多くの旅行者を集めることができる。

これが最大の効果であろう。物見遊山型の定番観光ツアーが飽きられ、明確な目的を持った旅行に人気が集まっている。グルメツアーは代表的な目的型の旅行で、募集型企画旅行が造成しやすく、ビジュアルを活用することでアピールしやすい。

②ターゲットが広く、募集しやすい。

目的型の企画旅行の最大の弱点は、目的を明確にすればするほどターゲットが狭まり、販売促進の手法や媒体が限定されることだ。もちろん、グルメツアーもどちらかと言うと若い女性が反応するという調査結果が出ているが、基本的には老若男女、オールターゲットで訴求のできる唯一の目的型企画旅行といえよう。少なくとも「食」に対して拒絶反応を示す人は少ない。

③旅行形態を選ばない。

「食旅」はあらゆる旅行形態に当てはめることができる。夫婦旅行にもいい、家族旅行にも最適である。美味しいものは人々の笑顔を作り、絆を深めることができる。子供たちの美味しそうな顔を見るのは幸せなひと時である。友達同士のグループ旅行にも最適だ。友との料理を囲んでの語らいは人生の喜びである。もちろん、一人旅でもかまわない。観光旅行だけでなく、ビジネス旅行でも、あるいは留学のような勉強のための旅行でも、どのような旅でも「食旅」は可能だ。

④単価アップとなる。

旅行中の「食」は最低条件にもなるが、逆に付加価値ともなる。なかなか食べられない食材や料理、予約の取りづらいホテルやレストランの食事などは大きな価値となり、旅行者もそれ相応の対価を支払うことに異存はないだろう。旅行代金のアップにつながり、その経済的な効果は大きい。長く続いている旅行の低価格競争に一石を投じることができる。

⑤満足度が高く、リピーター化を促進する。

旅行自体の満足度は総じて高いものである。ほとんどの場合、余暇を楽しむために行くもので、トラブルがない限り満足度は高いものになる。「食」はさらにその満足度を付加的にあげる効果がある。「食旅」の満足度は極めて高くなる。しかも、名所・旧跡は一度見ればいいが、美味しい「食」はまた何度でも食べたい、という人は多い。「食旅」の満足度はリピーターを生む。

⑥「食」はオフシーズンを解消する。

多くの「食」は天候や季節に左右されない安定性がある。多くの観光資源は屋外型のもので天候や季節によりその価値が変わっていく。そういう意味では「食」は極めて優れた観光資源といえる。とはいえ、とくに日本の「食」は季節性が高い。カニやえび、鮮魚などの魚介類、野菜、果物にも旬があり、特定時期に限定されるものも多い。また、そのような時期が限定される「食」が観光資源としての価値を高めているケースがある。祭やイベントなどと同様な短期限定的な観光資源としての側面も持っている。しかし、魚介類などの旬は冬に多い、一般観光のオフシーズンにあたる。気候的に屋外の観光が難しい時期に旅行者を呼ぶ大きな要素となる。いずれにしても、「食」は旅行・観光業界でもっとも大きな課題であるオフシーズンを解消する効果をもっていると言えよう。

「受の食旅」への効果

旅行者を受ける観光地・観光都市としての「食旅」の効果も「発の食旅」の効果と同様なものが期待される。

なんといっても、地域の経済効果が大きい。「食」を求めて訪れた以上、その地で食事をとる。旅先での食事にはどんな旅行者も日常よりもお金をかけ、飲酒も伴う。持ち帰りのできるものであれば、お土産にすることもある。

「食」が街興しに活用された成功例はすでに紹介させていただいた。「食」は多くの人を惹きつける観光資源である。しかも、地域の一部の人たちだけで作る観光資源ではなく、地域全体で共有できる観光資源である。地域ではその土地の固有の料理や食文化を大切に保護し育てる意識が芽生えるだろう。また、その地域をあげて新たなる「食」の創造が始まるところもあるだろう。「食」は、例えばその街にある重要文化財の寺院と同様の観光資源としての価値をつくり、地域住民の誇りとなり、地域の一体感をつくる可能性がある。

いうまでもなく、食文化は長い時間をかけ築かれたその国や地域の文化である。地元の料理をその場所で食べることは、文化の相互理解を促進することになる。これが「食旅」の最大の効果といえよう。

おわりに

「食」や「食文化」が旅行者を呼び、旅行商品や観光都市・観光地を作るパワーを持っていることは、もうすでに多くの旅行業界や観光業界の関係者は知っていて、さまざまな形で「食旅」をつくり、多くの成功例を残している。

国内・海外へのグルメツアー、食べ歩きツアー。つい参加したくなるグルメのオプション、バリエーション豊富なミールクーポン、日本語によるレストラン案内、旅行者に優しいグルメガイドマップなど旅行会社も旅行中の「食」を大切にし、さまざまなサービスや工夫をしている。一方、食旅都市も伝統の食文化に磨きをかけ、あるいは旅行者に好まれる食を創造し、旅行者誘致のためのさまざまなプロモーションを展開している。本書は調査によって得られた経験度や関与度の数値だけではなく、調査対象者の生の声もできるだけ記載させてもらった。当研究成果報告が、それらに携わる多くの方々の活動のきっかけやヒントになればとてもうれしい。

しかし、今回の調査研究で最新の旅行者の「食」に対する行動や意識はわかったものの、実際には、旅行をするきっかけ、旅行の目的、デスティネーションの選択、コースや出発日の決定など、けっして「食」だけが関与するものではない。

例えば、まったく同じ価値を有する「食」があったとしても、その地までのアクセスの良し悪しによっても、そのポジショニングは変わってしまうだろう。飛行機で4時間以内か、10時間以内か、それより遠い距離か、直行便はあるのか、毎日運行か、格安チケットは入手可能か等々でもだいぶ違ってしまうだろう。また、その地域内の交通は便利か、自分に適した旅館・ホテルなどの宿泊施設は整っているのか、目的のレストランはその近くにあるのか。そもそも、その地には「食」以外の観光要素はあるのか。美しい自然景観、歴史ある文化遺産、良質な温泉、古い街並み、快適な海水浴場、家族で遊べるテーマパーク、有名な美術館・博物館、名門ゴルフ場、伝統のある祭等々とともに楽しむことができるのか。海外であれば、治安は大丈夫か、衛生状態は問題ないか、言葉は通じるか、為替レートはいくらかなども考えに入れるだろう。これらのことを勘案すると、当調査による「食旅のマトリックス」の分析もずいぶん違ったものになるかもしれない。また、それらの複合的な要素も入れていかなければ十分な「食旅研究」とはならないだろう。そういう意味では、本書は「食旅」研究の中間報告であり、「食旅」の入門書と考えていただけると幸いである。

日本のフードツーリズム、すなわち「食旅」は旅行の経験率が上がり、リピーターが増え、多くのきめ細かい現地情報が誰でも容易に入手できるようになった今日、さらに、大きなポテンシャルを持つ旅行形態となっていくだろう。その流れを加速させるためには、変化する旅行マーケットや旅行者意識を正確に把握していかなくてはならないだろう。まだまだ集めなくてはならないデータや資料はたくさんある。そして、なによりもまだまだ食べてみなくてはならない日本や世界の「食」はたくさんある。

２００７年10月

安田亘宏

索引

著者紹介

安田　亘宏（やすだ のぶひろ）旅の販促研究所所長（㈱ジェイ・アイ・シー執行役員）

1977年JTBに入社。旅行営業、添乗業務を経験後、本社、営業本部、グループ会社で販売促進・マーケティング・商品開発等の実務責任者を歴任。06年4月より現職。

所属：日本観光研究学会会員、日本創造学会会員、日本旅行作家協会会員

著書：「旅の売りかた入門―もっと売るための広告宣伝戦略―」（イカロス出版）、
「旅行会社のクロスセル戦略」（イカロス出版）、
「長旅時代―ロングツーリズムの実態と展望―」（監修・教育評論社）

中村　忠司（なかむら ただし）旅の販促研究所副所長

1984年JICに入社。88年JTBに出向、CI導入・ブランディングを担当。JIC復帰後、旅行・観光関係の企画・プロモーションを担当。06年4月より現職。

所属：日本地域資源学会会員

吉口　克利（よしぐち かつとし）旅の販促研究所主任研究員

1990年日本統計調査㈱に入社。マーケティングリサーチャー・調査ディレクターとして旅行・観光関連等多領域のリサーチ業務を担当。06年11月JICに入社し現職。

調査・取材協力

上野　拓（うえの　ひろし）旅の販促研究所主席研究員

片所　達則（かたしょ　たつのり）旅の販促研究所主席研究員

小畑　綾乃（おばた　あやの）旅の販促研究所研究員

写真協力

関川由都子（せきがわ　ゆつこ）JTB トラベルライフ誌編集長

旅の販促研究所

JTB グループのシンクタンクとして、同グループの総合広告会社㈱ジェイ・アイ・シー（JIC）内に設立された研究所。「旅行者研究」をメインテーマに多様化、個性化された日本人旅行者の行動と心理を独自の調査手法により分析し、旅行業界にこだわりのある新しい企画提案をしている。

ホームページ：http://www.jic.co.jp/tbi/

※「**食旅**（しょくたび）」は㈱ジェイ·アイ·シー旅の販促研究所の登録商標（第 16 類）です。

参考・引用文献
「旅行者動向　２００６」財団法人日本交通公社観光文化事業部
「ＪＴＢ　ＲＥＰＯＲＴ　２００６」ツーリズム・マーケティング研究所
「食の文化フォーラム２０　旅と食」神崎宣武編（ドメス出版）
「食の世界地図」２１世紀研究会編（文春新書）
「食で選ぶ世界の旅」ロム・インターナショナル編（東京書籍）
「世界の食文化①韓国」朝倉敏夫著（農山漁村文化協会）
「オーストラリアの観光と食文化」朝水宗彦著（学文社）
「韓国を食べる」黒田勝弘著（文春文庫）
「パリ旅の雑学ノート（２冊目）　レストラン／ホテル／ショッピング」玉村豊男著（新潮文庫）
「ヘルシー＆シンプル　陽気な食卓　スペイン」高森敏明著（中央公論社）
「ビールの国の贈りもの─ドイツビールと料理の楽しみ」野田浩資著（里文出版）
「中国、香港、好好食！　本物の味をもとめて」波多野須美著（ベストセラーズ）

他、各社ガイドブック、ホームページ、新聞、雑誌など刊行物を参照しました。

食旅入門　フードツーリズムの実態と展望

2007年10月25日第1刷発行

著　　者　安田亘宏　中村忠司　吉口克利

発 行 者　阿部黄瀬

発 行 所　株式会社教育評論社
〒103-0001　東京都中央区日本橋小伝馬町２－５　ＦＫビル
TEL 03-3664-5851　FAX 03-3664-5816
http://www.kyohyo.co.jp

印刷製本　壮光舎印刷株式会社

ISBN 978-4-905706-23-6　C0065

旅のマーケティングブックス①

長旅時代

ロングツーリズムの実態と展望

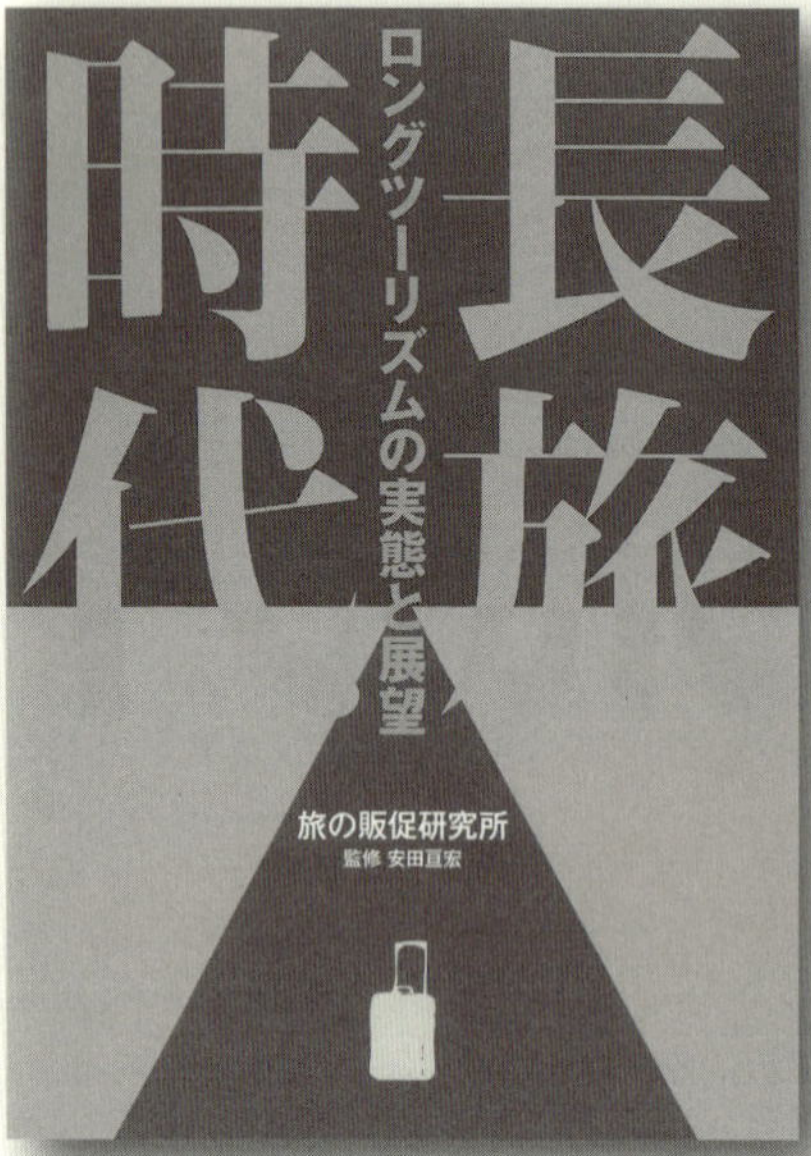

旅の販促研究所

監修 安田亘宏

本体価格 1,400 円＋税

ISBN978-4-905706-18-2

「長旅時代」到来の裏づけを明らかに！

数週間から数ヶ月にわたる長期旅行が浸透し始めている。欧米流の滞在型ではなく、趣味志向に合わせたバリエーション豊かなものになるだろう日本のロングツーリズムの実態とこれからの展望を、ＪＴＢグループのシンクタンク「旅の販促研究所」が独自の調査で解き明かした「旅のマーケティングブックス」第一弾！

旅のマーケティングブックス

①『長旅時代』 定価１４７０円

②『食旅入門』 定価１６８０円

……

以後、続々刊行予定